中等职业学校以工作过程为导向课程改革实验项目
物流服务与管理专业核心课程系列教材

物流客户服务

苏 虹　孙红菊　主　编

洪天宇　主　审

机械工业出版社

本书是北京市教育委员会实施的"北京市中等职业学校以工作过程为导向课程改革实验项目"的物流服务与管理专业系列教材之一，依据北京市教育委员会与北京教育科学研究院组织编写的"北京市中等职业学校以工作过程为导向课程改革实验项目"物流服务与管理专业教学指导方案、物流服务与管理专业核心课程标准，并参照相关国家职业标准和行业职业技能鉴定规范编写而成。

本书主要内容包括3个学习单元共9个项目，具体为仓储与配送客户服务、运输客户服务、国际货代客户服务，每个学习单元都包含订单受理（与跟踪）、纠纷处理、客户关系（管理与）维护3个项目，各项目又包括2～3个任务。

本书可作为中职物流服务与管理专业教材，也可作为物流企业管理人员学习、培训参考用书。

图书在版编目（CIP）数据

物流客户服务/苏虹，孙红菊主编．—北京：机械工业出版社，2016.12（2025.2重印）

中等职业学校以工作过程为导向课程改革实验项目

物流服务与管理专业核心课程系列教材

ISBN 978-7-111-55560-5

Ⅰ．①物… Ⅱ．①苏… ②孙… Ⅲ．①物资企业—企业管理—销售管理—中等专业学校—教材 Ⅳ．①F253

中国版本图书馆CIP数据核字（2016）第294805号

机械工业出版社（北京市百万庄大街22号 邮政编码100037）
策划编辑：宋 华　　　　　责任编辑：宋 华 席建英
责任校对：马丽婷　　　　　责任印制：常天培
固安县铭成印刷有限公司印刷
2025年2月第1版第6次印刷
184mm×260mm・11.25印张・262千字
标准书号：ISBN 978-7-111-55560-5
定价：36.00元

电话服务　　　　　　　　　网络服务
客服电话：010-88361066　　机 工 官 网：www.cmpbook.com
　　　　　010-88379833　　机 工 官 博：weibo.com/cmp1952
　　　　　010-68326294　　金 书 网：www.golden-book.com
封底无防伪标均为盗版　　　机工教育服务网：www.cmpedu.com

北京市中等职业学校工作过程导向课程教材编写委员会

主　任：吴晓川
副主任：柳燕君
委　员：（按姓氏拼音字母顺序排序）
　　　　程野东　陈　昊　鄂　甜　韩立凡　贺士榕
　　　　侯　光　胡定军　晋秉筠　姜春梅　赖娜娜
　　　　李怡民　李　玉　刘　杰　吕良燕　马开颜
　　　　牛德孝　潘会云　庆　敏　苏永昌　孙雅筠
　　　　田雅莉　王春乐　王　越　谢国彬　徐　刚
　　　　严宝山　杨　帆　杨文尧　杨宗义　禹治斌

物流服务与管理专业教材编写委员会

主　任：杨　帆
副主任：张　杰
委　员：杨秀茹　苏　虹　庆洪凯　苏兆河　洪天宇

编写说明

为了更好地满足首都经济社会发展对中等职业人才的需求，增强职业教育对经济和社会发展的服务能力，北京市教育委员会在广泛调研的基础上，深入贯彻落实《国务院关于大力发展职业教育的决定》及《北京市人民政府关于大力发展职业教育的决定》文件精神，于2008年启动了"北京市中等职业学校'以工作过程为导向'课程改革实验项目"，旨在探索以工作过程为导向的课程开发模式，构建理论实践一体化、与职业资格标准相融合，具有首都特色、职教特点的中等职业教育课程体系和课程实施、评价及管理的有效途径和方法，不断提高技能型人才培养质量，为北京率先基本实现教育现代化提供优质服务。

历时五年，在北京市教育委员会的领导下，各专业课程改革团队学习、借鉴先进课程理念，通过校企合作，共同建构了对接岗位需求和职业标准，以学生为主体、以综合职业能力培养为核心、理论实践一体化的课程体系，开发了汽车运用与维修等17个专业教学指导方案及其232门专业核心课程标准，并在32所中职学校、41个试点专业进行了改革实践，在课程设计、资源建设、课程实施、学业评价、教学管理等多方面取得了丰硕成果。

为了进一步深化和推动课程改革，推广改革成果，北京市教育委员会委托北京教育科学研究院全面负责17个专业核心课程教材的编写及出版工作。北京教育科学研究院组建了教材编写委员会和专家指导组，在专家和出版社编辑的指导下，有计划、按步骤、保质量地完成教材编写工作。

本套教材在编写过程中，得到了北京市教育委员会领导的大力支持，得到了所有参与课程改革实验项目学校领导和教师的积极参与，得到了企业专家和课程专家的全力帮助，得到了出版社领导和编辑的大力配合，在此一并表示感谢。

希望本套教材能为各中等职业学校推进课程改革提供有益的服务与支撑，也恳请广大教师、专家批评指正，以利进一步完善。

北京教育科学研究院

前言 Preface

本书是北京市中等职业学校物流服务与管理专业"以工作过程为导向"课程改革实验项目专业核心课程系列教材之一,依据"物流客户服务"课程标准编写而成。

本书打破了传统学科体系的束缚,强调职业教育的学习内容应来源于企业,通过对企业典型职业活动的分析,确定课程内容,同时构建学习情境,让学生在真实的工作环境和工作过程中建构知识、学习技能、获得能力,保证学生能够适应未来职业岗位的需要。

本书的主要特点如下:

1. 以不同物流业务的客户服务为载体

由于不同物流业务的客户服务内容有着较大区别,因此本书以不同物流业务的客户服务为载体,将物流客户服务归纳成仓储与配送客户服务、运输客户服务、国际货代客户服务三部分,设计了3个学习单元,在学习单元内容设计上坚持"学习过程可以重复,内容不能重复"的设计原则,故3个学习单元都包含了订单受理(与跟踪)、纠纷处理、客户服务(管理与)维护3个项目,每个项目又包含2~3个任务。

2. 校企合作完成教材编写

本书由学校教师与企业高级管理人员共同编写,主编由北京市商务科技学校的苏虹和北京络捷斯特科技发展股份有限公司孙红菊担任,负责本书的结构和项目内容编写及全文的统稿和修订;副主编由北京络捷斯特科技发展股份有限公司的贾桂花担任;主审由北京柏富国际物流有限公司的洪天宇担任。

本书的编写分工为:学习单元一由北京市商务科技学校的苏虹、徐健编写,学习单元二由北京络捷斯特科技发展股份有限公司的贾桂花编写,学习单元三由北京市商务科技学校的王晓玲、刘洪涛编写。

本书计划教学时数为72学时,教师可根据教学情况、用人单位要求以及学生实际情况选用其中某一部分或全部进行教学。全书学时安排建议如下:

单 元	课 程 内 容	学 时 分 配
学习单元一 仓储与配送客户服务	项目一 仓储与配送客户订单受理	8
	项目二 仓储与配送客户纠纷处理	8
	项目三 仓储与配送客户关系管理与维护	12
学习单元二 运输客户服务	项目一 运输客户订单受理与跟踪	8
	项目二 运输客户纠纷处理	10
	项目三 运输客户关系维护	6
学习单元三 国际货代客户服务	项目一 海运、空运进出口订单受理	8
	项目二 国际货代客户纠纷处理	6
	项目三 国际货代客户关系维护	6

在编写本书的过程中参阅了大量的文献及企业运作流程，得到了北京络捷斯特科技发展股份有限公司、北京柏富国际物流有限公司、天津威胜物流有限公司、北京广源顺通速递服务中心、北京德利得物流有限公司、北京国商物流有限公司等的大力协助和支持，参考并引用了同行们的一些研究成果，在此一并表示衷心的感谢！为方便教与学，本书中涉及的人名、公司名等均为虚构信息，如有雷同，纯属巧合。

由于编者水平有限，书中难免有不足之处，敬请广大读者批评指正。

编 者

Contents

| 编写说明 |
| 前言 |

学习单元一　仓储与配送客户服务

项目一　仓储与配送客户订单受理 3
　　任务一　入库订单受理 5
　　任务二　配送订单受理与跟踪 15

项目二　仓储与配送客户纠纷处理 22
　　任务一　货物破损纠纷处理 25
　　任务二　货物延误纠纷处理 32

项目三　仓储与配送客户关系管理与维护 36
　　任务一　客户分级管理 38
　　任务二　大客户日常拜访 42
　　任务三　大客户项目管理 46
　　任务四　大客户投标管理 50

学习单元二　运输客户服务

项目一　运输客户订单受理与跟踪 57
　　任务一　货物运单受理 61
　　任务二　货物运单跟踪 67

项目二　运输客户纠纷处理 72
　　任务一　货物丢失纠纷处理 74
　　任务二　货物延误纠纷处理 80
　　任务三　服务态度纠纷处理 85

项目三　运输客户关系维护 90
　　任务一　客户回访沟通 93
　　任务二　新业务和优惠政策推广 97
　　任务三　客户档案维护 102

学习单元三　国际货代客户服务

项目一　海运、空运进出口订单受理 ································· 113
任务一　海运出口订单受理 ································· 115
任务二　空运进口订单受理 ································· 124

项目二　国际货代客户纠纷处理 ································· 135
任务一　货物损毁纠纷处理 ································· 137
任务二　货物递送延误纠纷处理 ································· 141

项目三　国际货代客户关系维护 ································· 146
任务一　客户忠诚度维护 ································· 148
任务二　客户差异化服务策略制定 ································· 155
任务三　客户满意度调查 ································· 161

附录

参考文献

UNIT 1
仓储与配送客户服务

学习单元一

单元描述

物流服务业在第三产业中占有举足轻重的地位,而仓储与配送业务是物流服务中的重要环节,其业务运作主要包括:货物从生产工厂(货主)通过短途接驳到仓库、仓库进行存储加工、干线运输及末段运输配送。客户服务工作主要完成仓储与配送业务客户订单业务受理、客户纠纷解决以及客户关系管理与维护等工作。

仓储与配送企业客户一般为签订固定合同的长期客户,他们在合同签订时已经对双方的责、权、利进行了明确的约定,因而仓储与配送客户服务工作流程清晰,工作内容规范。

单元学习目标

1. 具备仓储与配送客户订单业务受理的能力。
2. 具有解决仓储与配送客户投诉的能力。
3. 能正确填写客户投诉处理记录。
4. 具有大客户关系维护的能力。
5. 熟练使用相关信息技术(包括仓储管理系统、运输管理系统、Word和Excel办公软件的使用)及常用办公设备。
6. 具有一定的语言表达能力、沟通能力和协作能力。
7. 能正确认识客户服务工作,具有做好客户服务工作的责任意识和认真细致的工作态度。

单元学习内容

项目一　仓储与配送客户订单受理

项目二　仓储与配送客户纠纷处理

项目三　仓储与配送客户关系管理与维护

项目一　仓储与配送客户订单受理

项目背景描述

北京乐成物流股份有限公司是一家提供第三方仓储配送服务的大型综合物流公司,现有仓库分布在北京、上海、广州、重庆等全国26个大中城市,覆盖了华北、华东、华南、东南、华中等大部分区域。其主要为客户提供定制化的仓储与配送服务,仓储业务内容见表1-1。

表1-1　北京乐成物流股份有限公司仓储业务内容

收货管理	出货管理	库存管理	增值服务	信息服务
卸货	订单拣货	库存预警	条码打印	报表服务
货物验收	货物再包装	补货管理	贴标服务	系统对象
破损处理	复核称重	库存盘点	发票打印	账号管理
	出库扫描	库位管理	包装服务	订单管理
	装货发车		流通加工	查询沟通
	退换货管理		质检服务	投诉受理

配送业务包括电商配送、室内门店循环补货、零售门店直配。

公司现有普通常温库房、防静电库房、恒温库房(15～25℃)、冷藏库房(2～8℃)、冷冻库房(-18℃)等多种仓储库房,可以为客户提供服装、一般食品、电子产品、红酒、水果、生鲜、熟食、药品等仓储配送业务。

公司现有几十家长期客户,并成立了专门的项目组负责为这些客户提供定制化的仓储配送服务。

北京北燕有限公司是公司的老客户,该公司主营服装业务,同时在北方地区还拥有多家大型连锁超市。乐成公司负责为北燕公司提供北京地区多家超市的食品与日用品的仓储与配送服务以及服装的电商配送业务,由此成立了北燕项目组。该项目组的组织架构如图1-1所示。

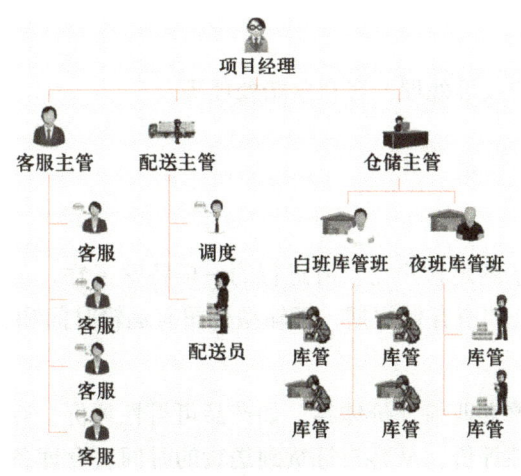

图1-1　北燕项目组组织架构

学习单元一

> 新员工业务储备

物流客户服务是指物流企业为客户提供物流服务产品的过程中所发生的交互活动。不同的物流企业为客户提供不同的物流服务。

一、物流企业

物流企业是指至少从事运输（含运输代理、货物快递）或仓储中的一种经营业务，并能够按照客户的物流需求对运输、储存、装卸、包装、流通加工、配送等基本功能进行组织和管理，具有与自身业务相适应的信息管理系统，实行独立核算、独立承担民事责任的经济组织。

二、客户服务

客户服务是企业与客户交互的一个完整过程，包括听取客户的问题和要求，对客户的需求做出反应并探询客户新的需求。客户服务不仅仅包括客户和企业的客户服务部门，也包括整个企业，即需要将企业整体作为一个受客户需求驱动的对象。

三、物流客户服务

物流客户服务是指物流企业为客户提供物流服务产品的过程中所发生的交互活动。

物流服务从性质上来说属于服务的范畴之内，是服务的一部分，应具有服务业的基本特性。

四、物流客户服务要素

广义上的物流客户服务要素分为交易前要素、交易中要素和交易后要素。而狭义上，物流客户服务主要指客服代表的日常工作，工作内容主要包括客服中心前台业务处理、客户接待和回访、客户投诉处理、客户关系维护等业务。

1．交易前要素

交易前要素包括给客户提供客服政策说明书等相关书面陈述以及相关技术服务。

2．交易中要素

交易中要素有基本客户服务支持（订单处理、订单履行）、创造竞争优势的客户服务（完美订单、增值服务）。

3．交易后要素

交易后要素包括客户投诉处理、客户索赔处理等。

五、物流客户服务的特点

1．特殊性

物流客户服务是为了满足客户需求所进行的一项特殊工作，与其他服务相比具有较长的服务周期。如仓储型公司有存储周期，运输型公司有运输时间和暂时保管时间等。

2．可评价性

物流客户服务有一整套业绩评价体系，如产品可得性评价、存货的百分比、无货损百分比、订货周期和可靠性评价、从客户订货到送货的时间、仓库备货时间、从仓库收到订单到发货的百分比。

3. 复杂性

物流客户服务工作具有复杂性。服务业面临不同的客户，有新客户，有老客户，且客户的需求千变万化；物流客户服务阶段可分为开发期、接触期、确立期、成熟期、反复期和衰退期，不同时期的物流客户服务工作是不同的。

4. 竞争性

随着通信技术、信息处理技术和支付手段的日益发展和进步，竞争的国际化趋势在各行各业都不可避免。

六、物流企业客户服务的重要性

1. 物流体系设计和运作的基础和必要组成部分

随着物流概念的成熟，企业越来越认识到客户服务已经成为物流系统甚至是整个企业成功运作的关键，是提高服务竞争优势的主要因素。

2. 影响到企业的市场份额

一流的客户服务已成为高水平物流服务企业的标志。客户服务要做得好，物流企业在市场竞争中需要确定自己的核心业务和核心优势，差异化的客户服务能给企业带来独特的竞争优势。加强物流管理、改进客户服务是创造持久竞争力的有效手段。

3. 开发新客户、留住老客户

客户服务不仅决定了原有的客户是否会继续维持下去，而且也决定了有多少潜在客户会成为现实客户。因此，物流客户服务要注重赢得新客户、留住老客户，这是客户服务最基本的要求。

任务一　入库订单受理

任务描述

2013年7月15日早9点，北京乐成物流股份有限公司客服部收到客户北京北燕有限公司发来的传真：7月17日上午8点将有150箱康师傅矿物质水、100箱康师傅纯净水、200箱康师傅红烧牛肉面送达库房，费用以合同为准。请公司客服代表完成相关订单业务的受理工作。具体要求如下：

（1）接收并审核入库申请。

（2）及时准确地录入入库订单。

任务目标

1. 掌握入库订单受理流程。

2．能正确收发传真。
3．能正确接打电话。
4．能正确审核确认入库订单。
5．能正确处理入库订单信息。
6．感受客服工作人员认真细致的工作要求，能认真、细致地完成入库申请的审核。

作业流程

订单是整个物流作业的命令单，入库订单受理作业流程如图1-2所示。

接收入库申请 ⇨ 审核确认入库申请 ⇨ 录入入库订单

图1-2　入库订单受理作业流程

任务实施

一、接收入库申请

入库申请由客户向仓储企业提出存储要求，并把要存储的货物清单告知仓储企业客服相关人员。入库申请通常可通过电话、传真、电子邮件等在仓储保管合同中以约定的方式送至存储企业，其中，传真是常用的提交入库申请的方式之一。

1．接收客户传真
（1）上班后开起传真机，使其处于"准备好"（READY）状态。
（2）当电话铃响后，客服代表拿起话机手柄与客户进行通话，沟通过程如下：

客服代表：您好！我是北京乐成物流股份有限公司客服部张琪，请问有什么可以帮助您？
客　　户：我是北京北燕有限公司的工作人员，我要发一份入库申请，麻烦接收一下。
客服代表：好的，我这里已准备好，请您发过来吧！

（3）与客户通话结束后，按"启动"（START）键。
（4）开始接收传真后，挂上话机。（若接收时出了差错或质量不好，可与发送方联络，要求重发，直至得到满意的传真副本）

> **知识链接**
>
> 传真的发送与接收
>
> 一、传真发送
> 1．发送文件前不通话，操作步骤如下
> （1）检查机器是否处于"准备好"（READY）状态。
> （2）放置好发送原稿。

（3）摘取话机手柄，拨对方号码，并监听对方的应答信号（长鸣音）。

（4）按"启动"（START）键，这时发送指示灯亮或液晶屏显示"TRANSMIT"，表明机器开始发送文件。

（5）挂上话机，等待发送结束并收取对方记录报告，根据报告上的差错情况，再进行重发，直至全部无误为止。

2．发送文件前需要通话，操作步骤如下

（1）检查机器是否处于"准备好"（READY）状态。

（2）放置好发送原稿。

（3）摘取话机手柄，拨通对方电话号码，并等待对方回答。

（4）双方进行通话。

（5）通话结束后，由收方先按"启动"键。

（6）当听到收方的应答信号时，发方按"启动"键，开始发送文件。

（7）挂上话机，等待发送结束，若发送出现差错，则应重发，直至收方正确接收为止。

二、自动接收传真

凡具有自动接收功能的传真机才能按下述方式操作。

（1）电话响铃一次，机器自动启动，液晶屏显示"RECEIVE"接收状态或接收指示灯亮，表示接收开始。

（2）接收结束时，机器自动输出传真副本，液晶屏显示"RECEIVE"消失或接收指示灯熄灭。

（3）机器自动回到"准备好"（READY）状态。

三、传真业务注意事项

1．对原稿的要求

凡出现下列情况之一的原稿都不能使用。

（1）大于技术规格规定的最大幅面的原稿。

（2）小于最小幅面（两侧导纸板之间的最小距离）或小于文件检测传感器所能检测到的最小距离的原稿。

（3）有严重皱折、卷曲、破损或残缺的原稿。

（4）过厚（大于0.15mm）或过薄（小于0.06mm）的原稿。

（5）纸上有大头针、回形针或其他硬物的原稿。

总之，若将不符合要求的原稿进行传输，则会在传真过程中出现卡纸、轧纸、撕纸等故障现象，所以要特别注意。

2．放置文件

（1）一次放置的文件页数不能超过规定页数。

（2）文件面的朝向（朝上或朝下）须符合说明书的要求。

（3）发送多页文件时，两侧要排列整齐，靠近导纸板，前端要摞成楔形。

3．进行发送操作时的注意事项

（1）若按下"停止"（STOP）键时发送马上停止，卡在传真机中的原稿不能用手强行抽出，只能掀开盖板取出。

（2）在发送报文期间，不允许强抽原稿，否则会损坏机器和原稿。

（3）当出现原稿阻塞时，要先按"停止"（STOP）键，然后掀开盖板，小心取出原稿。若原稿出现破损，一定要将残片取出，否则将影响机器的正常工作。

接收的客户传真如图1-3所示。

学习单元一

```
                北京北燕有限公司
                                    北京市西城区×路×号
                                    邮编：××××××
                                    电话/Tel：67654321
                                    传真/Fax：67654322
                                    邮件/Email：bjbyyxgs123@sina.com
```

收文单位/To：北京乐成物流股份有限公司	传真/Fax：61234567
收件人/Attn：北京乐成物流股份有限公司客服部	日期/Date：2013.7.15
抄送/CC：	登记号/Our Ref：
项目/Sub：入库申请	页数/Pages：1/1

您好！

我公司预计于7月17日上午8点送达下列货物到你库房，请协助办理入库相关事宜，费用按照合同约定结算。

货物名称	货物编号	规格	单位	数量	备注
康师傅矿物质水	984501499	1×24	箱	150	
康师傅纯净水	984501498	1×24	箱	100	
康师傅红烧牛肉面	984501037	1×60	箱	200	

商祺！

北京北燕有限公司
2013.7.15

图1-3 北燕公司发来的传真

2．核对传真信息

接收传真后，客服代表给客户回电，告知客户传真已接收完毕，使客户放心；同时就传真中的预计入库时间、入库货物的相关信息（货物名称、规格、数量、编号以及备注中的信息）等重点内容向客户复述一遍，确保货物信息准确。沟通过程如下：

客服代表：您好！我是北京乐成物流股份有限公司客服部张琪，已收到您发来的传真，我想就一些信息再与您核对确认一下。

客　　户：好的。

客服代表：您的货物要在7月17日上午8点送达库房，货物包括150箱康师傅矿物质水，货物编号984501499，规格是1×24，单位是箱；100箱康师傅纯净水……

客　　户：没错，就是这些货物。

客服代表：您还有要补充的信息吗？

客　　户：没有了。

客服代表：感谢您对我工作的支持！希望能为您提供更好的服务！再见！（待对方挂机后再挂机）

知识链接

接听、拨打、转传电话的知识

1．接听电话

（1）电话铃响3声内拿起电话，离电话最近的客服应主动接听。

（2）用普通话接听电话，语速均匀，口齿清晰，语气要温和，并使用问候语，若是内线，则用问候语"您好，××部"，若是外线，则用问候语"您好，××物流公司"。

（3）在桌上常备纸笔，做好接听、重复和记录。若涉及重点信息，如订单信息、客户联系方式、客户特别要求等，不仅要记录下来，还应该向对方复述一遍，以确定无误。

（4）接听电话时，应态度友善，简洁明了，因公电话尽量不要超过15min。

（5）因故障导致电话突然终止时，务必回拨，避免任何影响公司业务和形象的情况出现。

（6）通话结束后，应让客户先挂，确定客户已挂断电话后方能放下话筒。

2．拨打电话

（1）明确打电话的目的。

（2）准备好所需要的资料。根据客户常常遇到的问题制作一个工作帮助表。如客户需要资料或回复，要把资料准备在旁边。

（3）选择适当的时间。公务电话最好避开临近下班的时间，尽量打到对方单位，若确有必要往对方家里打，应注意避开吃饭或睡觉时间。

（4）电话打通后应自报家门。电话打通后首先通报自己的姓名、身份。必要时，应询问对方是否方便，在对方方便的情况下再开始交谈。

（5）电话用语应文明、礼貌，电话内容要简明、扼要。

（6）通话完毕时应道"再见"，然后轻轻放下电话。

3．转、传电话

（1）表明转接人员的身份或部门。在转电话之前，要对客户做一些解释，如"好的，我将替您转接至××部门"。

（2）清楚询问来电者的身份并告知接电话的人。

（3）养成使用"保留"（HOLD）键的习惯。

（4）转接电话后需注意对方是否已接听电话。让来电者空等很久既失礼，且易引起抱怨及纠纷。

（5）需过滤电话时，务必注意用词礼貌。

3．填写传真登记簿

收到传真后，客服代表要及时对收到的传真进行登记，填写在公司的传真登记表中，见表1-2。

表1-2　北京乐成物流股份有限公司传真登记表

序　号	来件日期	来件单位	内　容	受理时间	备　注
1	2013年7月15日9点01分	北京北燕有限公司	入库申请	2013年7月15日9点30分	张琪接收
2					
…					

操作规范

1．保持传真机畅通，及时排除故障。

2．不得占用或允许他人占用传真电话拨打私人电话。

3．收发传真件后，应及时在《传真登记表》中登记。

4．收发传真时不要打手机、聊天等，不要在传真件上随意写画，保证传真件的整洁。

操作提示

传真、电子数据交换、信件、电子邮件等可以有形地表现所载内容的形式均为书面形式。

二、审核确认入库申请

1. 确认入库货物数量信息

根据入库单所需的信息与入库申请传真中的货物信息相比对，审核客户提供的货物信息息是否完整。对于缺少的货物信息，要及时与客户沟通并补充完整，如传真中货物的包装单位、数量等信息。入库单所需信息如图1-4所示。

入库单

仓库	应收总数：	作业计划单号_____
客户名称：	客户编号：	实收总数： 日期 年 月 日

货物名称	货物编号	规格	单位	应收数量	实收数量	货位号	批号	备注

（订单中需要客户提供的信息）

仓管员（签字）：_____   送货人（签字）：_____

图1-4 入库单

2. 库房货位查询

客服代表根据入库货物信息及入库时间查询仓储管理系统，确定库房是否有相应的储位能接收该批货物。

可视化库存查询如图1-5所示。单击"可视化库存"，点选"北燕库房"，经系统查询后知库房现有货位可以满足该批货物的存储要求，可以接收该批货物入库。

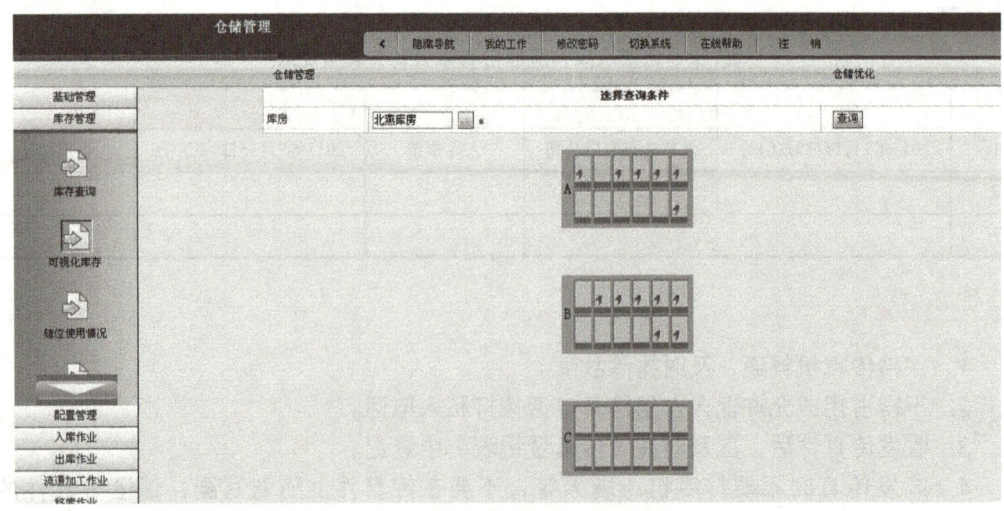

图1-5 可视化库存查询

3. 通知客户做好发货准备

客服代表通知客户：库房可以接收该批货物，请客户在约定时间将货物送到库房。沟通过程如下：

客服代表：您好！我是北京乐成物流股份有限公司客服部张琪，您的入库申请已审
　　　　　核通过，我公司库房可以在您要求的时间接收该批货物入库，请您按时
　　　　　将货物送达库房。
客　　户：好的，多谢！如果有问题我再和您联系！
客服代表：没问题，您可以随时和我联系，感谢您对我工作的支持！希望能为您提
　　　　　供更好的服务！再见！（待对方挂机后再挂机）

三、录入入库订单

1．订单录入

客服代表在确认库房货位可以满足货物入库要求后，将入库申请中的内容录入入库订单，以便给库房作业人员下达入库作业任务，具体操作如下：客服代表登陆仓储管理系统，单击"订单管理"→"入库订单"→"新增"，进入入库订单维护界面，如图1-6、图1-7所示。

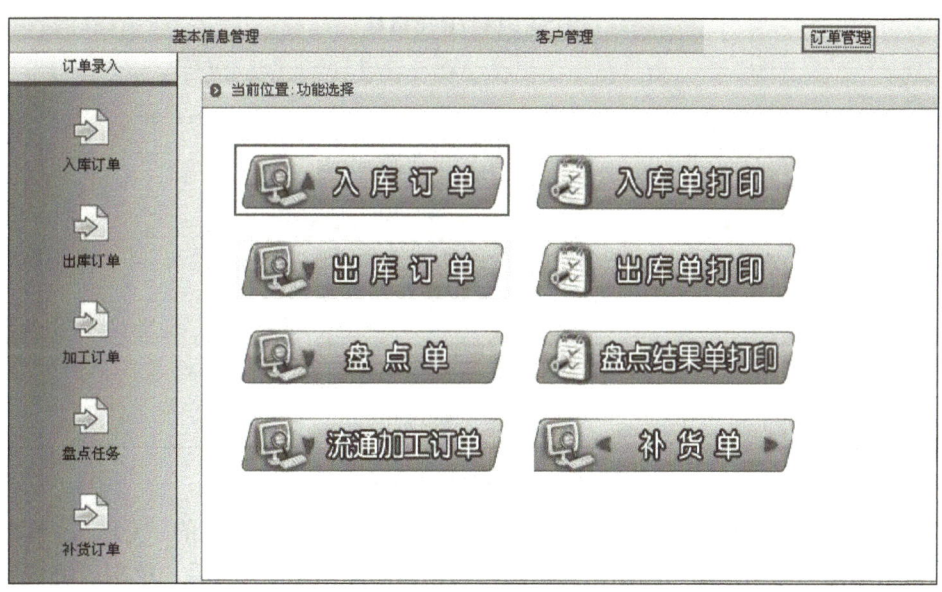

图1-6　订单选择

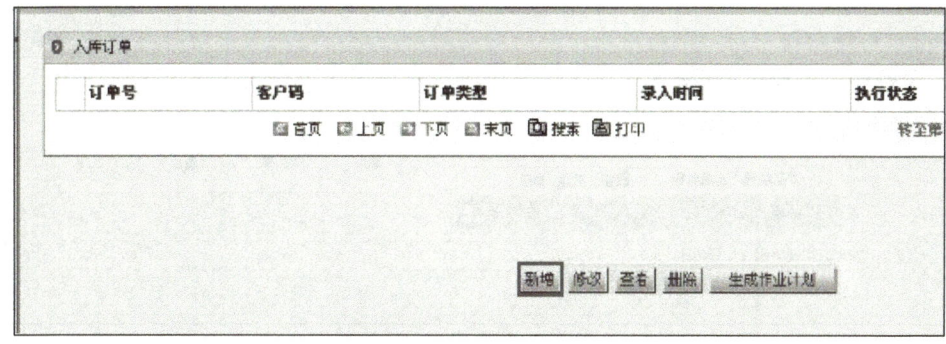

图1-7　新增入库订单

在入库订单维护界面中，单击"订单信息""订单入库信息"，根据传真中的货物

名称、数量、单位等相关信息分别进行录入，其中带"*"的为必填项，填写后界面如图1-8、图1-9所示。

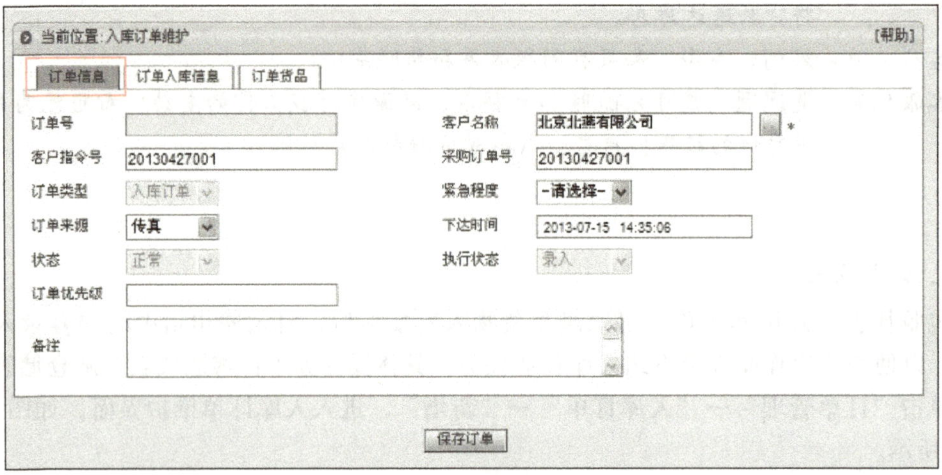

图1-8　填写订单信息

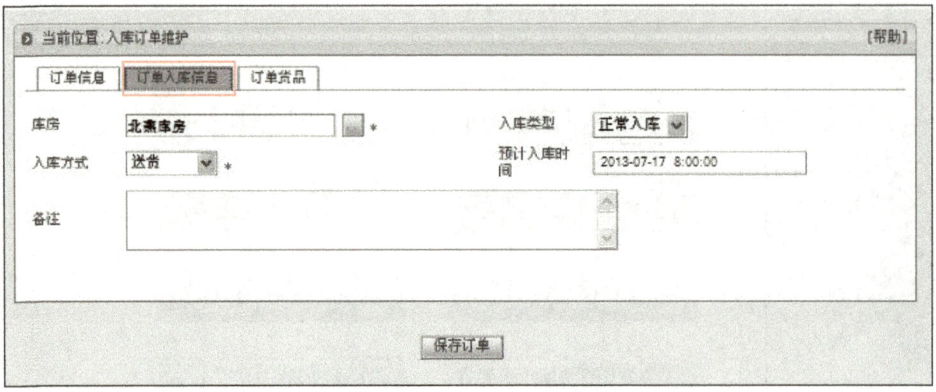

图1-9　填写订单入库信息

依次单击"订单货品""添加货品"，单击要添加的货品前的"○"，单击"选择"，依次添加"康师傅矿物质水"和"康师傅纯净水"两种货物后，单击"完成"，如图1-10所示。

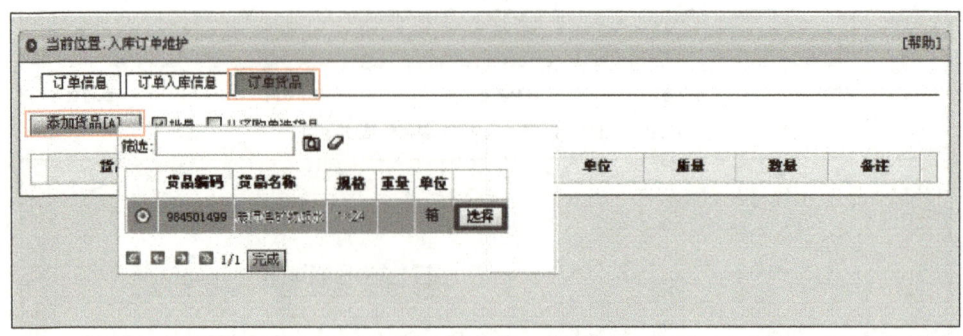

图1-10　添加货品

单击"单位"后面的按钮，点选货品的单位（注意：货品的单位填错后会影响入库任务的完成），填写"数量"，单击"保存订单"，如图1-11所示。

图1-11 填写订单货品数量

2．生成作业计划

生成作业计划是将仓储管理系统中录入的订单信息转变为实际的仓储作业任务，从而使货品完成入库上架作业。在仓储管理系统中的操作过程如下：返回到入库订单列表界面，勾选该订单后单击"生成作业计划"，再单击"确认生成"，如图1-12、图1-13所示。

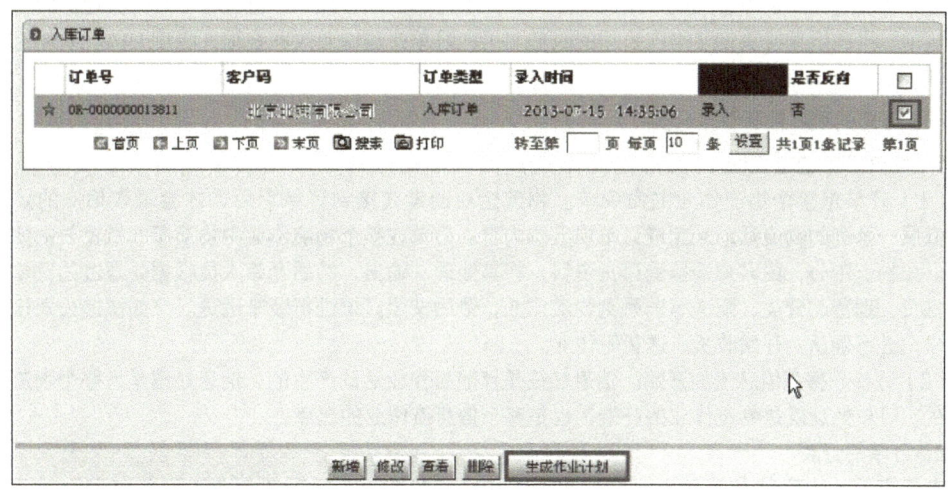

图1-12 生成作业计划

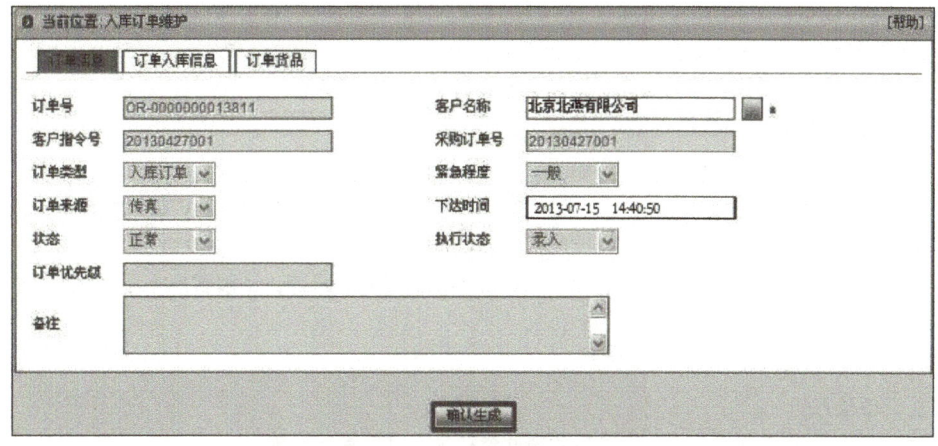

图1-13 作业计划确认生成

操作提示

订单异常操作

1. 客户突然取消订单

如果客户突然取消入库订单，客服代表需要迅速向客户了解订单取消原因，确认订单取消非客户误操作后，则应及时将其订单删除，并通知仓库人员。

2. 客户增订

如果客户申请入库时增加某货物或已有货物的数量，那么客服代表需要马上审核该货物信息，并检查现有货位是否足够。如果足够，可将此增订项目加入原订单或生成新订单，并及时通知库房订单变化情况，以便库房做好相应的调整工作。

订单生成作业计划后会自动传到库房，仓储作业人员将根据订单内容，准备入库场地，完成相关的作业任务。

知识链接

订单

订单是整个物流作业的开端和信息流的开始。在物流整体作业中，订单管理通常扮演着重要的角色，整个物流过程都是为了完成订单而发生的。处理订单的很多环节都直接与客户打交道。因此，订单完成的水平高低直接决定了物流公司的服务水平；订单处理作业效率在很大程度上体现着物流作业的运作效率。

一、订单的重要性及订单分类

1．物流订单的重要性

（1）订单是整个物流作业的命令单。物流企业通常在接到订单之后，才会采取相应的处理措施，开展一系列的物流活动来完成订单规定的内容。订单在整个物流作业中扮演着非常重要的指挥的角色。如物流中心，由客户端接受订货资料，将其处理、输出，然后仓库人员根据处理过的订单资料开始拣货、理货、分类、配送等一系列物流作业，最后按照订单进行装车运送。又如快递公司接到客户订单，进行确认，开始收货、送货等作业。

（2）订单是整个信息流的开端。信息往往是伴随着作业活动产生的，信息处理是为整个物流活动服务的。订单处理既是物流作业的开端，也是整个信息流作业的起点。

2．订单的分类

由于订单的内容往往涉及企业产品的特性和业务的特色，不同的企业对订单内容的制订有所不同。

（1）按所属企业服务内容的不同，可分为仓储型订单、运输型订单以及综合订单。

（2）按紧急程度可分为一般订单和紧急订单。

（3）按订单来源不同，可分为电话订单、传真订单和网络订单。

二、订单处理流程

不同种类的订单，具体的处理流程和方法不同，但一般订单处理流程如下：

（1）客服代表熟练掌握相应物流操作程序，接收客户订单，并确认检查、录入客户单证后传递给业务部门。

（2）负责范围内的每单业务在运作各环节服务质量的控制、跟踪，了解客户（及收货人）的反馈情况。

三、订单信息录入及传递

1．订单录入

接到客户的订货单并确认后应该紧接着将此资料录入订单管理系统。

2．订单录入技巧

（1）注意与顾客的沟通。在录入订单时，关键项一定要注意确认，如仓储订单要确认商品项目、数量、出入库时间等。运输订单要确认地点、时间、商品、数量以及涉及的柜型等。

（2）录入订单要规范化。

（3）熟悉录入系统，加快录入速度。

任务二　配送订单受理与跟踪

任务描述

每天上班后，北京乐成物流股份有限公司北燕项目组服装客服代表需要将当天及前一天16点后所有北京北燕有限公司网上的服装销售订单从仓库发货，送往客户手中；同时，项目组客服代表还要完成当天北燕公司新订单业务的受理工作。具体要求如下：

（1）将电商销售客户的订单生成拣货清单并打印出快递单。

（2）将门店销售客户订单生成拣货清单。

（3）完成当天配送订单的跟踪与反馈。

任务目标

1．掌握配送订单受理流程。

2．能正确地审核配送订单及处理配送订单。

3．能正确地处理配送订单跟踪。

4．体会客服工作人员严谨负责的工作态度，能认真、细致地完成配送订单处理。

作业流程

电商配送订单一般包括电商销售客户（个人客户）订单和门店销售客户订单。订单信息一般以网络和电子邮件的方式上传到公司客服部，客服代表将每天传入仓库管理系统的配送订单进行监控，决定出库作业方式，分配订单，并打印出相关作业方式下的单证、标签，流转给拣货人员。因此，配送订单受理流程为：接收（电商销售客户或门店销售客户）配送订单信息→订单分配→生成拣货清单和快递单→配送订单跟踪，如图1-14所示。

接收配送订单信息 ⇒ 订单分配 ⇒ 生成拣货清单和快递单 ⇒ 配送订单跟踪

图1-14　配送订单受理流程

任务实施

一、接收配送订单信息

接收配送订单信息的流程如下：

（1）客服代表开起计算机，登录电商配送中心信息系统。

（2）客服代表查看电商销售出库（网上个人客户）信息或门店销售出库信息。单击界面中的"电商销售出库"或"门店销售出库"，选择查看出库信息类型后，单击"发运订单"→"列表"（表头），勾选要查看的出库订单后，单击鼠标右键，选择"分配—按订单"，则要查看订单的明细会在窗口下方显示出来，如图1-15、图1-16所示。

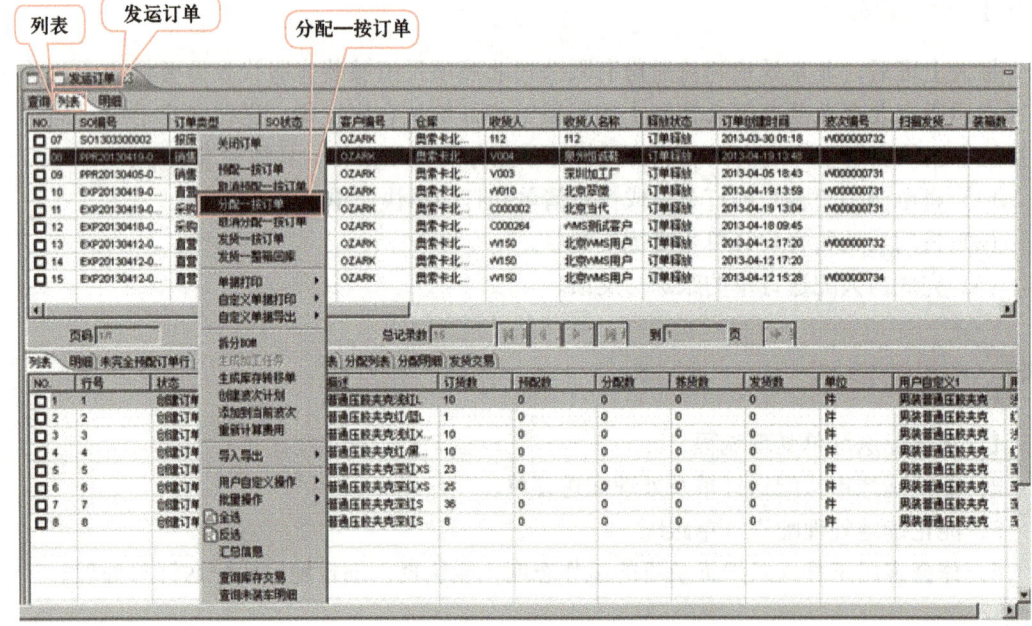

图1-15　选择查看出库信息类型

图1-16　查看订单信息

> **知识链接**
>
> 网上业务相关知识
>
> 1．物流公司的网上业务内容
>
> 　　为充分运用网络资源，提供更人性化的服务，落实"以客户为中心"的经营理念，目前多数物流公司都开展了网上业务，一般包括：① 网上订单查询；② 在线留言处理；③ 信息发布；④ 客户信息反馈处理；⑤ 邮件处理及回复；⑥ 网上订单处理。
>
> 2．一般网上业务受理流程
>
> （1）客户在物流公司所属页面上找到相应业务受理栏，单击要申请的业务。
>
> （2）客户填写相应的信息，并确保填写资料真实无误、详细，并提交。
>
> （3）物流公司客服代表在收到客户的请求后，进行审核后转入内部处理流程。
>
> （4）客服代表对客户请求进行回复及处理。

二、订单分配

　　将订单信息转化成库房作业任务，即对订单进行分配，生成拣货订单，操作如下：在订单明细窗口点选要拣货的订单，单击鼠标右键，选择"预配—按订单行"，如库存充足,则该订单会自动生成拣货指令下达给库房,如图1-17所示。

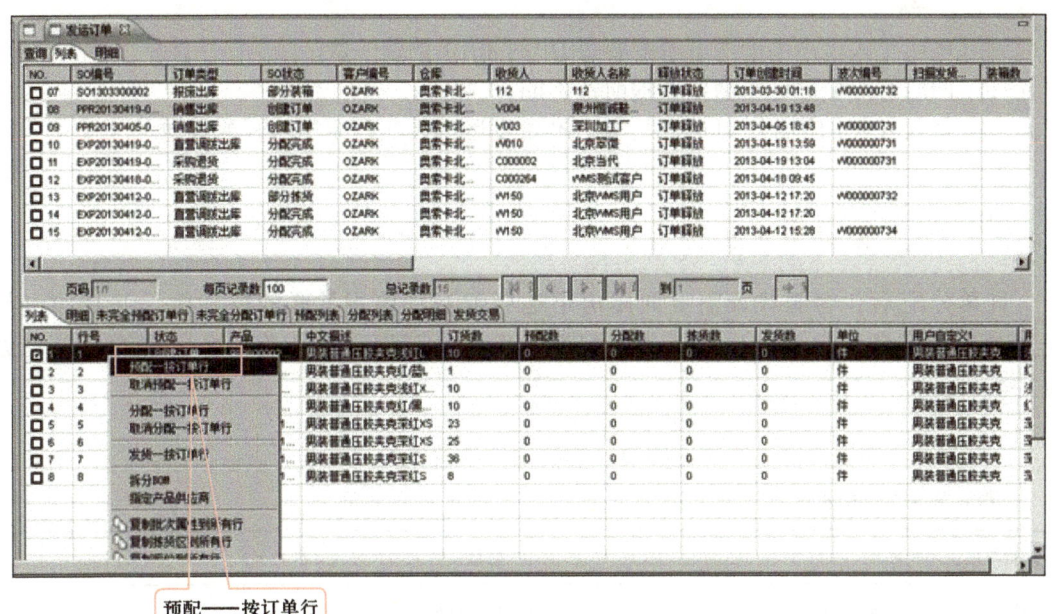

图1-17 出库订单转化成拣货指令

对于订单不能分配或部分分配的,通常是库存的问题,应该就库存做如下检查和处理:

(1)检查是否能预配完成,如是,则指定库位分配即可。

(2)检查库存余量,查看该产品库存量是否足够,有时候库存量够,但由于未上架,也会导致订单不能分配。

(3)若库存量足够却仍不能分配,则检查订单中的批次属性信息是否与库存中的批次属性一致,如不一致,则订单也不能分配。

(4)若现有存货数量无法满足客户需求,且客户不愿以其他货品替代,则按照缺货进行处理,缺货处理方式见表1-3。

表1-3 缺货处理方式表

缺货处理方式	具 体 说 明
重新调拨	若客户不允许过期交货,而公司也不愿失去此客户订单,则有必要重新调拨分配订单
补交货	若客户允许不足额的订单等待有货时再予以补送,且公司规定允许,则采取"补送"方式 若客户允许不足额的订单或整张订单留待下一次订单一同配送,则也采取"补送"处理
删除不足额订单	若客户允许不足额的订单等待有货时再予以补送,但公司规定并不希望分批出货,则只好删除不足额的订单 若客户不允许过期交货,且公司无法重新调拨,则可考虑删除不足额的订单
延迟交货	有时限延迟交货:客户允许一段时间的过期交货,且希望所有订单一同配送 无时限延迟交货:无论需等多久,客户都允许过期交货,且希望所有订货一同送达,则等待所有订货到达后再出货
取消订单	若客户希望所有订单一同配达,且不允许过期交货,而公司无法重新调拨,则只有将整张订单取消

学习单元一

操作规范

1. 电商个人客户的配送订单需要每2小时（h）处理一次。
2. 门店客户配送订单需要有提前备货期。
3. 每天16点前停止处理网络订单，准备发运当天处理完毕的订单货物。

三、生成拣货清单和快递单

订单分配后，客服代表需要向库房下达与配送订单相关联的拣货单，并打印出与配送单相关联的快递单，为订单出库配送做准备，下面是北燕公司××店的订单，见表1-4。

表1-4　北燕公司××店订单

NO.：×××018

订货单位：××××									
电话：×××××××××××									
地址：××市××区××街111号									
订货日期：2013年4月19日									

序号	品名	规格	数量	重量	体积/cm³（长×宽×高）	单价/元	总价/元	备注
1	奥索卡男装夹克	XXS	10	3kg	30×18×15	300	3000	
2	奥索卡男装夹克	XS	10	……	……	……	……	
3	奥索卡男装夹克	S	10	……	……	……	……	
⋮	……							
合　计								

交货日期：2013年5月11日下午4:30前

交货地点：北京市××区××路××号

订单型态：□一般交易　□现销式交易　□间接交易　□合约交易　□寄库交易　□其他

加工包装：

配送方式：☑送货　□自提　□其他

用户信用：□一级　□二级　□三级　□四级　□五级

付款方式：按合同约定

特殊要求：无

制单：张××　　　　　　　　　　　　　　审核：任××

1．打印拣货清单

客服代表单击"出库操作"→"发运订单"→"列表"，勾选相应类型的订单后，右键单击选择"自定义单据打印"→"SO_订单明细"，即可打印出拣货任务清单，如图1-18、图1-19所示。

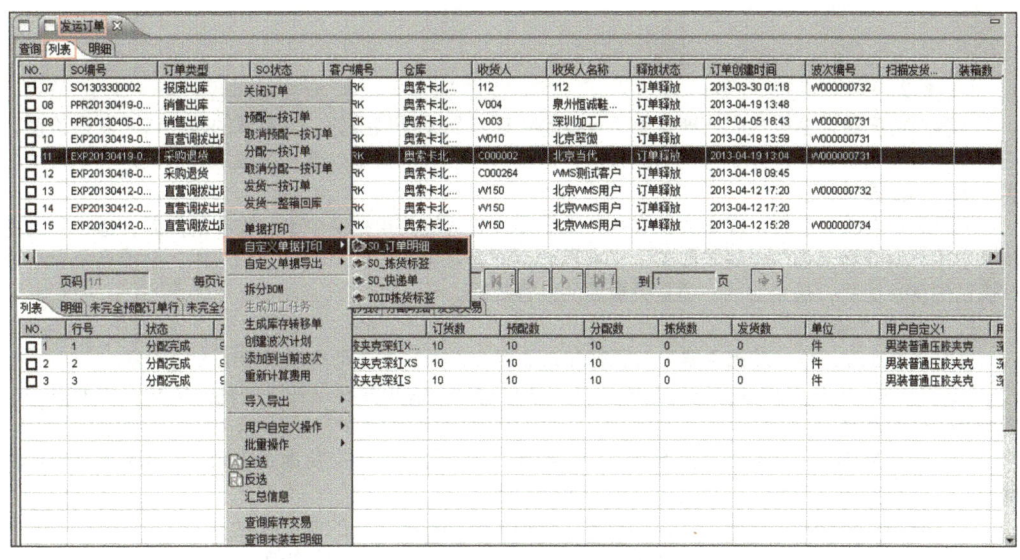

图1-18 打印拣货清单

奥索卡拣货任务清单

打印日期：2013/05/11:11:21　　　　订单编号：EXP20130419-00001
客户：C000002　　　　　　　　　　　备注：
地址：　　　　　　　　　　　　　　　　　　　　　　　　　集货位：S02-1-2

序号	库位	商品代码	订单数	商品名称	实拣数
1	A01-01-4	989800001155	10	男装普通压胶夹克深红XXS	
2	A01-01-1	989800001160	10	男装普通压胶夹克深红XS	
3	A01-01-3	989800001165	10	男装普通压胶夹克深红S	

总件数： 30

图1-19 拣货任务清单

2．打印快递单据

单击"出库操作"→"发运订单"→"列表"，单击鼠标右键，选择"自定义单据打印"，单击"SO_快递单"，即可打印出快递单，如图1-20所示。

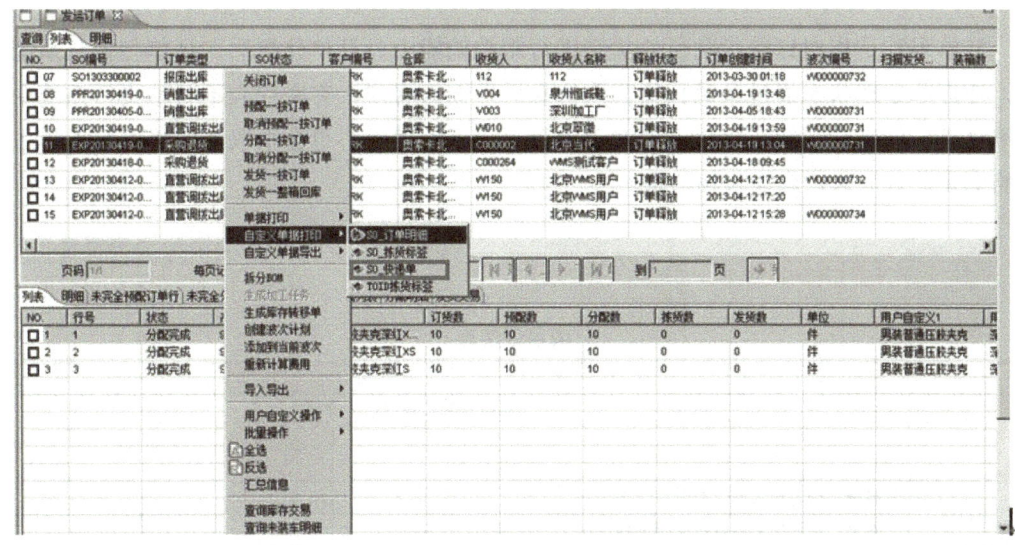

图1-20 打印快递单据

知识链接

客服代表处理订单的意义和改善订单处理过程的因素

1．意义

从客户角度看，客服代表处理订单不仅仅是处理产品或提供服务，更重要的是让客户获得价值，感到满意。订货提前期的稳定性与时间长短、送货的准确性、订单处理状态跟踪等因素是实现价值与客户满意的重要保证。

从配送中心的角度看，提高顾客服务和降低库存与运输费用是一个十分重要的问题，运用先进的技术手段和对业务流程的重组与改善，在提高顾客服务水平的同时降低配送总成本，获得竞争对手难以模仿的竞争优势，是企业的一项至关重要的经营战略。

2．改善的关键因素

改善订单处理过程的动因主要来自顾客和企业两个方面，主要考虑以下四个方面因素：

（1）时间：订单处理周期在客户眼中是订货提前期，改善目标是在时间耗用的稳定性前提下，努力减少时间耗费。

（2）供货准确性：提供产品的准确品种、数量、质量和正确的交货地点（卸货时间和地点也很关键），如需分批送货或延期供货，应与客户提前沟通好。

（3）成本：配送中心设置的地点和数量、运输批量和运输路线的调控等。

（4）信息：配送中心要通过完善的配送信息系统，向客户及企业内部（生产、销售、财务及仓储运输等部门）提供准确、完备、快速的信息服务。

操作提示

改善订单处理的方法

1．提高订单履行的准确度

如果能够准确无误地完成客户订单的处理，不产生任何错误，那么订单处理的时间是最短的，因此要尽量减小出错的概率。

2．合理分配订单处理的先后顺序

从企业的发展角度出发，把有限的时间、生产能力及人力资源配置到利润最大的订单上，优先级的订单被优先处理，而其他订单则稍后进行处理。

3．灵活选择订单处理的方法

把订单收集成组批处理可降低处理成本，将几个小订单集中组成较大运输批量可降低运输成本，但都延长了订单处理时间。因此，在减少处理成本与运输成本的同时，要进行综合平衡。

四、配送订单跟踪

订单跟踪是指对订单货物所处状态进行跟踪的能力。订单分配后，订单与信息系统对接，使订单处理状态通过条码扫描获取信息后反馈给客户，客服代表不断地更新系统中的订单信息，使客户了解货物状态。对于项目客户，配送中心也会采取客服代表每天集中反馈的形式，方便客户掌握货物信息。

项目评价

项目评价表

班级		姓名		小组		
项目名称		仓储与配送客户订单受理				
考核内容	评价标准	参考分值(100)	考核得分			备注
			自评分	互评分	教师评分	
知识技能掌握情况	能够正确说出入库订单受理流程	8				
	能够正确说出配送订单受理流程	8				
	能够接收货物入库申请	8				

(续)

班　级		姓　名		小　组		
项目名称		仓储与配送客户订单受理				
考核内容	评价标准	参考分值(100)	考核得分			备注
			自评分	互评分	教师评分	
知识技能掌握情况	能够对配送订单进行分配	8				
	能够正确录入入库单	8				
	能够正确接收传真	8				
	能够正确接打电话	8				
	能够正确填写传真登记表	8				
	能够打印出拣货清单和快递单	8				
	能够与不同的客户进行顺畅的交流沟通	8				
参与活动情况	认真扮演自己的角色，配合其他角色完成任务	15				
	积极参加任务操作					
	积极参与小组讨论					
	积极回答老师提问					
情感、态度、价值观	团队合作意识、竞争意识以及沟通交流能力	5				
	小计					
	合计=自评分×20%+互评分×40%+教师评分×40%					

 项目小结

通过学习仓储与配送客户订单受理业务，应该掌握以下内容：

1．入库订单受理流程：接收入库申请→审核确认入库申请→录入入库订单。

2．配送订单受理流程为：接收电商销售客户或门店销售客户配送订单信息→订单分配→生成拣货清单和快递单→配送订单跟踪。

3．改善订单处理的方法：提高订单履行的准确度、合理分配订单处理的先后顺序、灵活地选择订单处理的方法。

4．改善订单处理过程的主要因素有时间、供货准确性、成本、信息。

项目自测练习

一、判断题

1．订单处理只是配送中心信息流的开始，和后续的配送实际操作环节无关。（　　）

2．对于订单不能分配或部分分配的，要首先查库存。（　　）

3．缺货处理要依客户意愿而定，不能只考虑公司规定，这样才能提高客户服务水平。
（　　）

二、选择题

1．配送中心紧急订单的响应率，可以通过（　　）指标来反映。

    A．订单延误率　　　　　　　　B．订单满足率
    C．订单速交率　　　　　　　　D．订单缺货率
2．存货分配方式决定了下一步的拣货作业，若采用批次分配方式，则需要采用（　　）的拣货作业方式。
    A．单一顺序拣选　　　　　　　B．批量拣选
    C．依接收订单的先后顺序拣选　　D．依同一配送区域拣选
3．客户订单确认的内容主要有（　　）。
    A．货物名称、数量、交货日期及订货价格
    B．订单型态
    C．客户信用
    D．是否需要加工包装

三、业务训练

2013年3月15日，北京乐成物流股份有限公司客服部收到客户北京北燕有限公司发来的传真：3月17日上午8点将有50箱康师傅矿物质水、100箱康师傅红烧牛肉面需要送到客户在北四环的超市门店，请你以公司客服代表的身份完成相关订单业务的受理工作。

项目二　仓储与配送客户纠纷处理

项目背景描述

北京乐成物流股份有限公司是一家大型的仓储配送型第三方物流公司，公司现有几十家长期客户，公司客服部现有员工300多人。乐成物流总部位于北京，在国内主要城市和经济区域都拥有自己的综合物流配送中心，构筑起完善的物流网络服务平台。

公司客服部包括项目客服部和呼叫中心客服部。项目客服部不仅为客户提供各种物流业务服务，包括仓储、运输、配送、流通加工以及与其相关的物流信息服务，还负责全国客户的业务咨询、业务受理、跟踪查询、投诉处理、电话回访等工作。

项目客服部设立了多个项目组，由项目客服部经理直接领导，每个项目组又包括组长1人，客服代表2～3人，其中，项目组组长主要负责本组客服代表的管理，保证业务过程的正常完成，对业绩进行评估及实施相应的改进措施；客服代表负责业务咨询、业务受理、快件跟踪查询、客户投诉处理等具体的客户服务事务。项目客服部的组织架构如图1-21所示。

图1-21　项目客服部组织架构

新员工业务储备

客户投诉是商机而不是危机,正确处理客户投诉,可以使物流企业不断改进服务,提高客户的满意度,使投诉的顾客成为忠诚的顾客。客户投诉的受理是处理客户投诉的第一步,也是重要的一步,在受理客户投诉中能否为客户树立良好的第一印象,直接影响到后续工作的顺利进行。

在物流行业中客户投诉的内容是多方面的,有涉及递送延误、货物丢失、货物破损、计量或计费失误等。客户对投诉处理的要求也各有差异,有的客户只要求及时更正错误,有的客户则要求减免运费,有的甚至要求连带赔偿,有的更要诉之于法律及公之于媒体等。

一、客户投诉程度的划分

客户投诉的严重程度可以划分为高、中、低三个层次。划分层次的目的是使相关部门在处理投诉过程中能预先了解客户投诉的程度,以便采取谨慎的态度,更好地与客户沟通,避免在投诉的处理上有所偏颇,导致客户投诉的无谓升级。

客户投诉的程度没有明显的划分标准,一般要根据客户投诉的情绪、投诉的内容、事态的进展、投诉事件所引发的后果、社会效应、对公司的影响、客户的重要程度等各方面的要素进行综合衡量。例如,如果客户投诉的愤怒情绪并不激烈,通过客服代表的解释或处理就能基本稳定下来,并通过公司的正常处理流程就能解决问题,恢复客户的满意度及信心,则该客户投诉的严重程度为"低";若客户投诉情绪激烈,不愿意接受物流公司正常的处理程序,提出额外的或无理的要求,客服代表无法处理的,则该客户投诉的严重程度为"中";若客户投诉异常激烈,经多方交涉无效,已经上升到由物流公司的高级管理人员介入处理,或客户要诉之于媒体或法律,则该客户投诉的严重程度为"高"。以上只是就个别情况进行举例而不是囊括,因为根据不同的个案、不同的客户心理、不同的公司制度都会有不同的划分结果,所以要根据公司的具体规定、个人的工作经验及判断力进行综合分析。

二、客户投诉受理的应对技巧

1. 稳定自我情绪

客服代表要稳定客户情绪,首先要稳定自我情绪。愤怒的客户犹如喷发的火山,将积蓄的怒火指向客服代表爆发。面对如此怒气冲冲的客户,客服代表首先要做好充分的心理准备。

(1) 准备成为"出气袋"。既然是怒气冲冲的客户,肯定要找个地方出出气,不管客户的投诉是有效的投诉还是无效的投诉,作为物流公司,是该让客户到处去宣泄,还是提供一个客户服务的平台让客户尽情宣泄呢?如果选择前者,将会给物流公司带来比较广泛的负面影响,正所谓"好事不出门,坏事传千里",当客户得知一家物流公司的负面消息时,不会花时间成本去调查这个负面消息的真实与否,很有可能会抱着将信将疑的态度去改用其他物流公司的服务。如果选择后者,客户不满的情绪有地方宣泄,怨气被物流公司客服代表收集起来,耐心倾听并为客户解决问题。

学习单元一

（2）准备成为被"攻击"的对象。为什么要准备成为被"攻击"的对象？因为客户服务部是物流公司受理客户投诉的窗口，它代表物流公司受理客户的投诉，代表本部门或其他部门同事听取客户的意见，承担着为客户解决问题的责任，这是由客服代表的工作性质决定的。

处理客户投诉是客服代表的职责之一，如果没有怨气、没有不满，客户就不会投诉，客服代表只有把客户的怨气收集起来，才能过滤出客户投诉的关键问题，以便为客户解决问题，才可以履行处理客户投诉的职责。

人们总会对突然而来的"袭击"束手无策，许多新任的客服代表面对愤怒的客户都会很慌张，不知如何应对，甚至慌乱之中用词不当，导致客户投诉升级。但如果做好以上的心理准备，客服代表就会感到投诉的客户愤怒、抱怨是很正常的，这也是受理客户投诉不可避免的，客服代表要稳定客户的情绪，首先要控制好自己的情绪，端正心态，否则会使处理投诉变得更糟糕。

根据以上的分析，我们可以得到这样的逻辑：客户不满，所以有抱怨；客户有抱怨，所以投诉。所以，投诉的客户都是带有抱怨的，客户服务部门是物流公司接待客户投诉的窗口，客服代表需要履行处理客户投诉的职责。投诉的客户都是带有抱怨的，所以，客服代表要面对抱怨的客户。客户抱怨可能会让客服代表情绪不稳（低落/激动），客户抱怨可能会让客服代表情绪不受控制，客服代表情绪不稳会使处理投诉变得更糟糕。所以，客服代表要稳定自我情绪。

2．适当地让客户发泄情绪

投诉的顾客犹如气势汹汹的洪水，"堵"是"堵"不住的，所谓不能"堵"，就是"不打断""不反驳""不争辩""不急于解释"。

（1）"不打断"，就是在客户发泄的过程中，耐心地倾听，不要随便打断客户的叙述，让客户表达内心的感受，使不满情绪得以发泄。如果客户在诉说不愉快经历的时候被打断，会感觉到不受尊重、客服代表没有诚意帮助客户解决问题。

（2）"不反驳""不争辩""不急于解释"，就是在客户发泄的过程中，不反驳客户，即使客户的观点是错误的，也不要与客户争辩"是与否""谁是谁非"等的问题，客户在发泄情绪的时候，总是认为自己是对的，对方是错的，否则就不会投诉了，如果客服代表与客户争辩，就会使客户的情绪更高涨；不要急于向客户解释，即使客户是对服务产生了误解或是物流公司控制范围外出现的状况，因为这时客户的气还没消，只会认为客服代表只是站在物流公司的立场找借口，从而失去客户对客服代表的信任，而得不到客户的理解。

（3）"不打断""不反驳""不争辩""不急于解释"并不等于对客户提出的问题及观点给予认同，只是提供空间让客户充分发泄不满的情绪，是对客户的理解与尊重，以便尽快取得客户的信任。

3．稳定客户情绪

面对气势汹汹的投诉客户，客服代表可以用"疏导"的方法稳定客户情绪。所谓"疏导"，是在客户诉说不愉快经历的时候，客服代表给予充分的理解与同情。客服代表不打断客户的诉说不等于一言不发，因为那样客户会以为你没有认真倾听他/她所投诉的内容，得到的是被蔑视的感觉。相反，客服代表给予相应的回应，才会让客户觉得被理解、被尊重，使客户的情绪得以稳定，并尽快获取客户的信任。在客户发泄情绪时，我们可以运用以下短语做回应："我明白""我能理解您的感受/处境""如果是我，我也会很困扰的""我知道这会给您和贵公司带来很多的不便"。

4．找准时机，引导客户说出关键问题

客户发泄情绪，要适度而不是无休止地发泄，否则会影响解决问题的有效时机及客服代表的工作效率。比如，一位客户不断地抱怨该物流公司的员工服务态度差，没有履行对客户的承诺，这会对客户、公司造成很大的麻烦和损失。如果投诉的客户漫无边际地叙述，客服代表应在客户情绪得以发泄后，用转折性的语句，引导客户说出关键问题，如"我能理解您的心情，我希望问题在我这里可以得到有效的解决""我可以了解一下具体的情况吗？我希望能尽快为您解决问题"。

当客服代表得到客户信任，客户愿意诉说其不愉快的经历时，客服代表一定要注意听取客户所讲的每个细节，并在《客户投诉登记表》上做好记录。尤其要注意的是，客服代表不能随意推测，不能妄下结论，否则会影响事件的调查。

5．过滤关键信息，再次与客户核实情况

客户在投诉的过程中带有不好的情绪，很少客户能够平静地讲述实情，有很多客户在讲述不愉快经历的过程中会反复回到抱怨的状态。可以说听取客户投诉的信息是比较杂乱的，客服代表要从中过滤出关键的信息，以便尽快展开调查，为客户解决问题。

掌握基本情况后，客户服务代表要再次与客户核实情况，以便提高信息的准确性，避免由于信息错误，阻碍调查的进展，导致客户的进一步投诉。

6．进入投诉受理业务的结束阶段

当客服代表掌握了客户投诉事件后，应该尽快结束该投诉受理业务，以便能尽快为客户调查和解决问题。尽快结束投诉受理，不等于打发客户，而是要给客户"吃定心丸"，让客户感觉到，客服代表已经完全明白客户的诉求，并会为其解决问题。客服代表可以使用以下的语句使话题转入结束阶段：

"××小姐/先生，非常感谢您的来电，我们会马上为您跟进贵公司所寄货物出现破损的问题，有任何新的进展会立刻与您联系的。我方便再次与您核对一下您的联系方式吗？您的电话是××××××××××××。麻烦您记录一下我的直线电话××××××××，我姓×，如有需要可以进一步与我联系。"

任务一　货物破损纠纷处理

任务描述

2014年2月26日，北京乐成物流股份有限公司北燕项目组收到客户北京北燕有限公司的电话投诉：其配送到北京某门店的5件羽绒服包装破损且已受潮，影响了正常销售，客户要求公司赔偿其经济损失。请完成客户的电话投诉受理。具体要求如下：

（1）记录客户投诉并填写客户投诉登记表。

(2) 完成客户投诉处理。

任务目标

1．了解仓储客户投诉的原因。
2．熟悉客户投诉处理工作流程。
3．熟悉客户投诉的处理技巧。
4．能正确填写客户投诉登记表。
5．学会耐心倾听，能记录投诉要点，能冷静面对投诉。

作业流程

客户投诉处理是物流客户服务中重要的环节，客户投诉的目的是希望物流公司能听取意见，提供帮助，解决问题，而不是纯粹的抱怨。最有效的处理投诉的方法是尽快调查事件，落实差错责任，给予客户有效的解决方案。作为一线的客服人员，必须清晰地掌握不同类型投诉的调查，如送货延误、出现货损货差等，并在工作中不断积累综合分析和解决问题的能力。

电话投诉是客户投诉的方式之一，处理客户电话投诉的作业流程如图1-22所示。

接收客户投诉 ⇨ 记录客户投诉 ⇨ 处理客户投诉 ⇨ 客户投诉存档

图1-22 客户投诉处理流程

任务实施

一、接收客户投诉

2014年2月26日，北京乐成物流客服部北燕项目组客服代表刘倩接到客户北京北燕有限公司张经理打来的投诉电话，称昨天收到的一批出库单号为101327833-001的货物外包装出现破损，造成5件羽绒服受潮，质量出现问题影响了销售，因此要求乐成公司赔偿其经济损失。具体的投诉受理过程如下：

客 服 代 表：张经理，您好！请问有什么可以帮助您的？
客户张经理：小刘啊，我们公司昨天收到的一批货出现破损了啊。
客 服 代 表：张经理，真是抱歉，能提供一下出库单号吗？
客户张经理：你们怎么会出现这种情况啊！真让我失望。出库单号是101327833-001。
客 服 代 表：张经理，请您先不要生气，如果是由于我们的工作失误造成了您的损失，
　　　　　　　公司肯定会进行相应的赔偿。张经理，不知道破损严重吗？
（客服代表据客户提供的出库单号进行查询，了解出库单的详细信息）
客户张经理：外包装箱破损了，看上去受潮了，里面至少5件羽绒服都无法销售了！

> 按照当时咱们的合同,你们应当赔偿我。
>
> 客服代表:张经理,能麻烦您提供一下货物破损的照片吗?我公司一定马上为您核对处理,请您放心,公司一定会给您一个满意的答复。
>
> 客户张经理:好的,我一会儿把照片发给你们,你们尽快处理。
>
> 客服代表:好的,张经理,您还有其他需要帮忙的吗?
>
> 客户张经理:没有了,请尽快给我解决!
>
> 客服代表:好的,张经理再见!

客服代表刘倩查看了出库单号为101327833-001的出库单,如图1-23所示。经过核实,该批货物的确有客户所说的羽绒服。随后客户北京北燕有限公司张经理发来了货物外包装破损、货物受潮的照片,如图1-24所示。

	出库单	出库单号:101327833-001 客户订单号:4554128572 决裁号:	出库仓库印 北京 良品	销售担当 *****

客户代码: 77959580   客户地址: 北京市西城区×路×号   TEL: 010-********
开票日期: 2014-02-25 出票指示日: 2014-02-25   开票人: 吴**

序号	商品型号(颜色)	商品名称	数量	单位	单价(含税)	金额(含税)	增值税金额
1	EH-ND15-G405	羽绒服	60	PC	673.00	***	
2	MC-CG321RJ81	牛仔裤	30	PC	239.00	***	
3	N1-E600CS	带帽卫衣	20	PC	255.00	***	
备注				出库金额合计			

购方印

供方名称: 北京北燕有限公司
供方地址: 北京市西城区×路×号
TEL: FAX:
北京北燕有限公司

提货人自提时请提货人务必填写身份证号码

供方印

图1-23 出库单

图1-24 外包装破损、货物受潮

二、记录客户投诉

客户代表刘倩接到客户发来的货物破损的照片后,马上登录仓储管理系统查询出库单号为101327833-001的货物具体情况。

在仓储管理系统的"订单管理系统"界面，找到"订单查询"，单击"订单跟踪"，在"订单号"处输入"101327833-001"，在"客户码"处输入"北京北燕有限公司"，然后单击"确定"按钮，就会出现该笔订单的详情。具体操作如图1-25、图1-26所示。

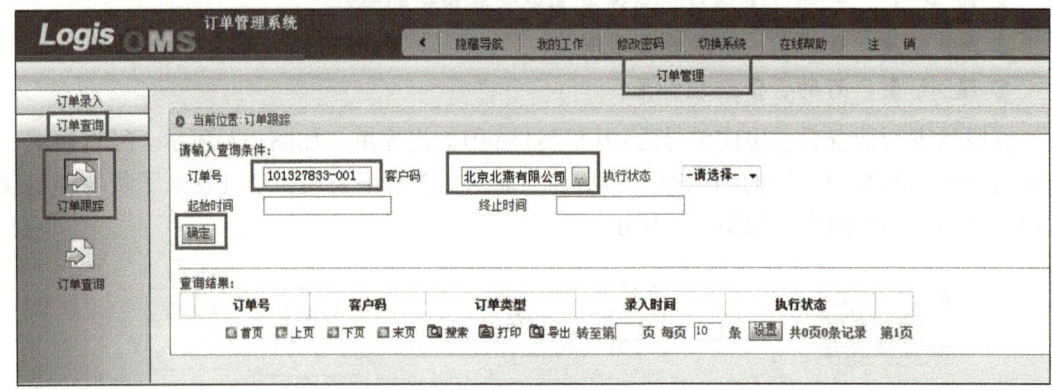

图1-25　订单信息查询（一）

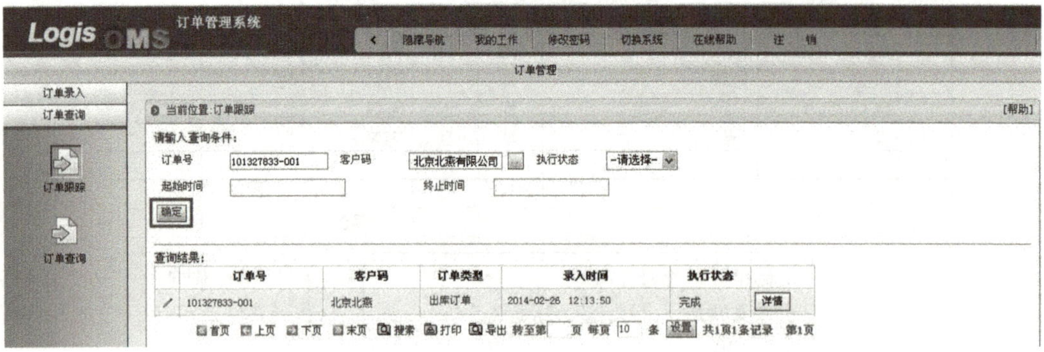

图1-26　订单信息查询（二）

单击"订单货品"查看该笔订单的详情，如图1-27所示。

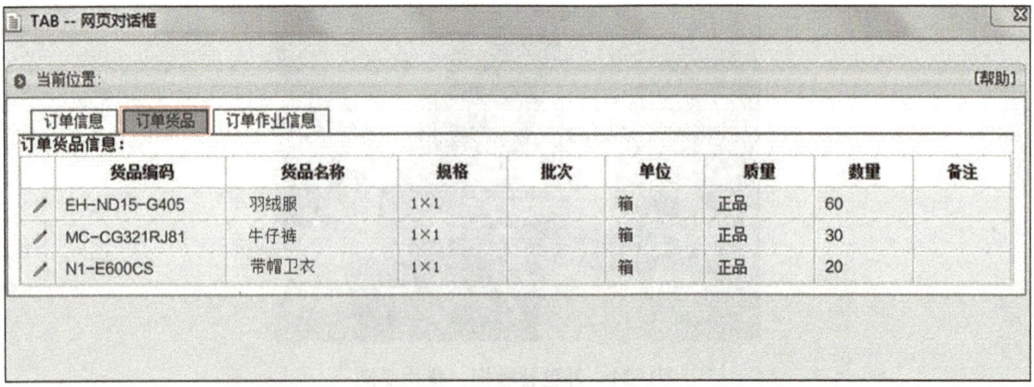

货品编码	货品名称	规格	批次	单位	质量	数量	备注
EH-ND15-G405	羽绒服	1×1		箱	正品	60	
MC-CG321RJ81	牛仔裤	1×1		箱	正品	30	
N1-E600CS	带帽卫衣	1×1		箱	正品	20	

图1-27　出库订单详情

客服代表刘倩将这批货物的出库单重新打印了出来，连同客户投诉记录表整理在了一起。客户投诉登记表见表1-5。

表1-5 客户投诉登记表

投诉记录				
客户信息				
客户	北京北燕有限公司	联系方式		67××××××
联系地址	北京市西城区×路×号			
投诉内容				
事故类型	破损	出库单	101327833-001	投诉时间	2014年2月26日
受理单位	项目客户部	被投诉人		乐成物流
投诉内容	客户出库单号为101327833-001的货物外包装出现破损，造成5件羽绒服的质量出现问题，影响销售	投诉要求		赔偿损失

三、处理客户投诉

客服代表刘倩查询负责给出库单号为101327833-001的货物送货的送货员以及客户签字确认的出库单，并和当日负责送货的送货员王峰取得联系，询问了当日送货交接时的具体情况并做了记录。具体沟通过程如下：

> 客服代表：您好！请问是王峰吗？跟你了解一下昨天上午出库单号为101327833-001的货物的送货情况。
> 王　　峰：我是。那票货物是我负责送的。
> 客服代表：你送货过程中有什么异常情况吗？
> 王　　峰：昨天上午出库交接的时候，我仔细检查过货物，是没有异常情况的。到客户处，与客户交接的时候，的确是有几个箱子的外表面有些潮湿。因为那天雨蛮大的，大家都以为只是外表面淋湿了而已。
> 客服代表：当时客户什么态度呢？
> 王　　峰：当时客户说，只要质量没问题就可以，然后就签收了。
> 客服代表：好的，谢谢。

随后刘倩又与负责这单货出库的仓管员联系，询问了当时出库交接的具体情况并做了记录，仓管员根据当日的出库情况记录，告知这单货物出库时没有任何异常情况，外包装完好无破损，具体沟通过程如图1-28所示。

图1-28　客服代表与仓管员沟通

刘倩初步判定事故属于配送部门运输方面的责任后,将此投诉下发配送部门,配送部门收到投诉记录后马上开展进一步的调查分析,向送货员详细了解当天送货的情况。配送部门经过深入的调查,获得的资料如下:货物破损原因查明,是因为当时下雨,送货员没有做好防雨措施,造成部分货物淋雨,在运输的途中,颠簸造成淋雨的货物质量损坏。

经配送部门研究决定,提出解决问题的方案,具体见表1-6。

表1-6 货物破损投诉解决方案

调查原因		
出库单号为101327833-001的货物在出库配送过程中,由于当天下雨,配送部门没有做好防雨措施,造成部分货物淋雨,同时在运输途中,颠簸造成淋雨的货物质量损坏,最终造成价值3365元的5件羽绒服损坏,客户要求赔偿相应损失		
解决方案		
1) 配送部和当日负责送货的送货员各承担80%和20%的责任,5件羽绒服货损为3365元,共赔偿客户3365元		
2) 配送部承担80%的责任,赔偿客户2692元		
3) 送货员承担20%的责任,赔偿客户673元		
4) 由项目客户部客服代表跟客户解释,并致歉		
合计费用		3365元
制单人:孙欣	主管签字:吴××	

客服代表刘倩接到配送部的处理结果后,立即将客户投诉事件及解决结果向客服主管汇报,客服主管批复可以执行。随后,客服代表与客户北京北燕公司的张经理说明了乐成公司的赔偿处理决定,具体沟通过程如下:

客服代表:您好!请问是张经理吗?我是北京乐成物流的客服员小刘,不知道您现在讲话方便吗?
客户张经理:我是。怎么了,你说。
客服代表:张经理,昨天您反映的出库单号为101327833-001的货物破损情况,我们已经核实过了。的确是由于我们的失误给您公司造成了影响,真的很抱歉。
客户张经理:没关系的,到底是什么原因啊?
客服代表:经过调查,发现是因为当天下雨,送货员没有做好防雨措施,造成部分货物淋雨,在运输的途中,颠簸造成淋雨的货物质量损坏。公司决定按照货物的原价值向您赔偿3365元,真的很抱歉给您造成了损失。
客户张经理:大家都合作这么多年了,以后注意一点,别再出现这种情况了。
客服代表:好的,张经理,以后我们一定会更加规范操作,杜绝这种情况的再次发生。您将受损羽绒服的型号告诉我们,我们尽快给您安排补发货物。
客户张经理:嗯,好的,我一会儿让我们公司的销售人员与你联系吧。
客服代表:感谢您的理解,您还有其他的疑问吗?
客户张经理:没有问题了。
客服代表:好的,张经理再见。

客服代表刘倩与客户沟通完后，通知配送部门：客户那边已经接受我们的解决方案，请配送部门尽快与财务和仓储部门联系，安排补发客户的货物和赔偿货物损失。

四、客户投诉存档

处理完客户投诉后，客服代表刘倩将此次客户投诉相关的资料，统一保存在相应的文件夹中，包括送货单、客户发过来的货物破损照片、客户投诉记录表以及货物破损投诉解决方案，如图1-29所示。

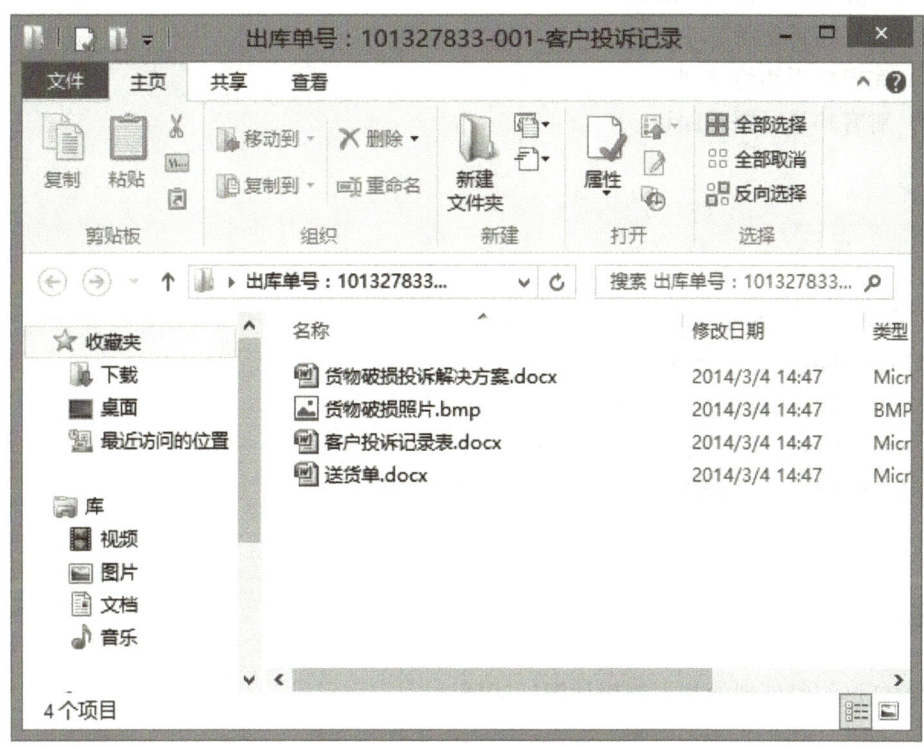

图1-29　客户投诉存档

资料存档后，客服代表还要针对此次投诉处理情况进行总结，提交给业务主管，以促使公司业务更好地开展。

> **操作提示**
>
> 客户投诉处理总结的相关内容包括：
> （1）运单号码。
> （2）客户资料。
> （3）相关重要时间要素的记录。
> （4）客户投诉的内容及要求。
> （5）调查原因及调查结果。
> （6）落实差错责任。
> （7）处理方案。

任务二 货物延误纠纷处理

任务描述

2013年9月3日下午,北京乐成物流股份有限公司北燕项目组收到客户李磊的电话投诉:应该8月30日下午8点送到门店的货物,直到现在还未送到,影响了公司的正常销售,要求赔偿经济损失。具体要求如下:

(1) 做好投诉记录。
(2) 完成投诉纠纷处理。
(3) 对客户进行跟踪回访。

任务目标

1．掌握客户投诉处理的流程。
2．能正确填写投诉记录表。
3．能正确录入投诉处理结果。
4．能对纠纷处理结果进行跟踪回访。
5．能认真对待、处理客户投诉,学会与客户沟通。

作业流程

货物延误纠纷处理的基本流程如图1-30所示。

受理客户投诉 ⇨ 记录投诉信息 ⇨ 处理客户投诉 ⇨ 录入处理结果 ⇨ 跟踪回访

图1-30　货物延误纠纷处理流程

任务实施

一、受理客户投诉

客服代表接听客户的投诉电话时,根据客户的描述快速查询相关运单信息,分析事故原因,协助客户解决问题。具体的投诉受理过程如下:

客服代表:您好!乐成公司005号客服代表为您服务,请问有什么可以帮助您?
客　　户:我要投诉,你们这是什么公司啊!都延误四天了我还没收到货呢。
客服代表:您贵姓?请提供一下您的运单号,我帮您查一下好吗?

> 客　　户：我姓李，运单号是301185292351。
> 客服代表：李先生请您稍等……
> （据客户提供的运单号进行查询，了解货物状态及异常状况）
> 客服代表：李先生，您的货物目前还未出库。
> 客　　户：怎么还没出库呀？货主告诉我8月30日下午8点到货。
> 客服代表：李先生，我马上和仓储部联系，看看到底是出了什么问题，请稍等。

二、记录投诉信息

客服代表根据客户的投诉做好投诉记录，以便及时对投诉进行处理，客户投诉登记表见表1-7。

表1-7　客户投诉登记表

投诉记录					
客户信息					
客户		李磊	联系方式		186××××××××
联系地址		天津市南开区五马路××号			
投诉内容					
事故类型	延误	运单号	301185292351	投诉时间	2013年9月3日
受理单位		客服中心	被投诉人		无
投诉内容		货物应该4天前送到，但至今未收到货	投诉要求		要求库房马上发货

三、处理客户投诉

客服代表迅速与仓储部联系，询问未发货原因。仓储部主管在查看货主的出库申请后，看到货主明确要求四种货物一起出库发运，但目前有一种货物缺货，正在等待货主补货，所以不能进行出库发运作业。客服代表将了解到的情况及时告知客户，具体沟通过程如下：

> 客服代表：您好！我是乐成公司005号话务员，您反映的未收到货的问题，我已经与仓储部进行了联系，原因是因为货主要求这批货物的四种货物备齐后再发货，但目前有一种货物缺货，发出补货单后货主还未送货，所以一直未发货。
> 客　　户：我这着急要呀，能不能先把现有的三种货发给我呀？
> 客服代表：我们要和货主沟通以后才能答复您，请您稍等。
> 客　　户：那好吧！货主同意后你们一定帮我尽快发货呀！
> 客服代表：好的，再见！

客服代表又与货主进行联系，告知客户的要求，希望货主做出处理决定，以便尽快解决问题，具体沟通过程如下：

> 客服代表：您好！我是乐成公司客服，您是北燕公司的李经理吗？
> 货　　主：是的。
> 客服代表：今天客户打来电话要求运单号为301185292351的货物马上发货，但现在

学习单元一

还差一种货物没有送到仓库，您要求等四种货物备齐后一起发货，可客户让马上发货，所以我们想问问您的意见。

货　　主：那要不就先发那三种货，剩下的等我送仓库后再发货。

客服代表：可以，但这样要发两次货，运费就要多一倍，您看是由谁来支付？

货　　主：对方催得急，也只能由我们公司承担第二次的运费了。

客服代表：好，那您再发一份补充协议，注明上述情况及运费支付办法，我这边安排装车发货，待补充协议传过来后我们就发货。

货　　主：好的，我马上去写补充协议。

客服代表：好，那我也去安排。再见！

客服代表等待货主的补充协议，并通知库房和车队做好货物出库和装车的准备。同时告知客户处理意见，沟通过程如下：

客服代表：您好，请问您是李先生吗？我是乐成物流公司005号客服专员。

客　　户：我是。

客服代表：李先生，您之前投诉未到货问题，我们已经与货主取得了联系，我把您的要求也和货主说了，货主同意先发现有的三种货物，另一种货物待货主送货后，我们也会尽快安排发货。

客　　户：好的，太感谢了！那大概几天能收到货啊？

客服代表：货主的补充协议送达后我们就安排出库发货，一般一天就能送到。

客　　户：好吧，你们尽量快点啊。

客服代表：好，发货后我马上通知您，再见！

客服代表接收到货主发来的补充协议后，及时通知库房安排货物出库装车发运，并电话通知客户做好收货准备，同时告知客户第二批货物发运前将再电话通知。

四、录入处理结果

将最终的投诉处理结果录入投诉处理结果登记表中，见表1-8。

表1-8　投诉处理结果登记表

投诉处理			
运单号	301185292351	分类型	货物延误
处理意见	经核实，货物未送达是由于货主要求四种货物备齐后才能发货，目前尚缺一种货物，已告知货主，等待其补货 经与货主协商后，货主同意先发已有的三种货物，待另一种货物送到库房后再二次发货，产生的运费由货主承担，并签订一份补充协议 货主将补充协议送达后，安排库房马上对现有的三种货物进行出库作业，车队协调运输车辆，准备装车发运，同时将补充协议上交财务部门，作为运费结算的依据 另一种货物待送达库房后，通知客服代表及时出单，安排出库发运		

五、跟踪回访

客户投诉处理完成后，客服代表应当对客户投诉处理结果进行跟踪。客服代表在货物运单回单后致电客户，以确认其是否收到全部货物，并询问客户对处理结果是否满意。

 项目评价

项目评价表

班级		姓名		小组	
项目名称		仓储与配送客户纠纷处理			
考核内容	评价标准	参考分值（100）	考核得分		备注
			自评分	互评分	教师评分	

考核内容	评价标准	参考分值	自评分	互评分	教师评分	备注
知识技能掌握情况	能够描述客户纠纷处理的基本流程	16				
	能够受理客户的各种投诉	16				
	能够完成客户投诉信息的记录	8				
	能够制订客户投诉解决方案	8				
	能够制订客户投诉处理表	8				
	能够及时记录客户投诉信息	8				
	能够进行货物破损纠纷处理	8				
	能够完成货物延误纠纷处理	8				
参与活动情况	认真扮演自己的角色，配合其他角色完成任务	15				
	积极参加任务操作					
	积极参与小组讨论					
	积极回答老师提问					
情感、态度、价值观	团队合作意识、竞争意识以及沟通交流能力	5				
小计						
合计=自评分×20%+互评分×40%+教师评分×40%						

 项目小结

通过学习仓储与配送纠纷处理，应该掌握以下内容：

1．处理客户电话投诉的作业流程一般包括投诉客户选择投诉方式→客服代表筛选相关记录信息→回复处理时间→完成投诉登记表。

2．货物延误纠纷处理的基本流程：受理客户投诉→记录投诉信息→处理客户投诉→录入处理结果→跟踪回访。

3．客户投诉登记表需要记录投诉客户的信息和投诉的具体内容。客户信息需要记录客户姓名、联系方式和联系地址；投诉内容需要记录事故类型、运单号、投诉时间、受理单位、被投诉人、投诉内容和投诉要求。

项目自测练习

一、判断题

1．客户投诉登记表需要详细记录客户投诉的全部内容，如投诉人、投诉时间、投诉对象、投诉要求等。　　　　　　　　　　　　　　　　　　　　　　　　（　　）

2．客户投诉的性质分为书面投诉和口头投诉。　　　　　　　　　　　（　　）

3．货物破损是指客户签收后发生货物短少，包括整件丢失、内物丢失。（　　）

4．客户投诉登记表的投诉内容需要记录事故类型、运单号、投诉时间、受理单位、

被投诉人、投诉内容和投诉要求。 （　　）

5．客户书面（电子邮件）投诉的作业流程一般包括客服代表筛选相关记录信息→回复处理时间→完成投诉登记表。 （　　）

二、简答题

1．客户投诉受理的基本内容包括哪些？
2．纠纷处理作业的基本流程是什么？
3．递送延误纠纷处理的基本流程是什么？

三、业务训练

2013年6月9日下午，乐成物流公司呼叫中心客服组长接到客户王佳的投诉电话，具体信息见表1-9。

表1-9　货物丢失及服务态度投诉登记表

投诉人	投诉人地址	联系方式	投诉内容	投诉要求
王佳	北京市朝阳区东四环中路×××号	130××××××××	货物未能在规定时间送达客户，使促销活动受到影响，客户损失18万元	赔偿损失，并赔偿违约金10万元

接到客户投诉后，请你以公司客服经理的身份完成货物延误纠纷处理工作。

项目三　仓储与配送客户关系管理与维护

> 项目背景描述

北京乐成物流股份有限公司是一家大型的仓储配送型第三方物流公司，现有仓库分布在北京、上海、广州、重庆等26个城市，覆盖了华北、华东、华南、华中等大部分区域。

目前公司已有客户200多家，为了能更好地为客户提供服务，提升公司的服务品质，公司采取对客户进行分级管理的方式，为核心客户提供优质快捷的服务，并通过拜访客户等方式直接了解客户的需求与意见，满足客户的要求，保证优质资源客户群的稳定。

公司项目客服部设置专门的项目小组，对客户实施分级管理。该项目组设3名客服代表负责与项目客户的相关人员进行对接，提供相应服务，做好物流客户关系管理与维护。该项目小组的基本组织架构如图1-31所示。

图1-31　客服项目小组组织结构

> 新员工业务储备

客户是企业生存和发展的动力源泉，是企业的重要资源。企业应对客户进行科学有效的管理，以追求收益的最大化。管理客户，必然要将客户信息进行整理，对客户进行分类管理，并建立客户档案和客户意见表。

一、物流客户分类管理的意义

企业资源有限，对客户进行分类管理可以更好地利用企业现有资源，进行有的放矢的管理，以实现企业利润的最大化。

二、物流客户分类管理的方法

一般根据消费额或给企业带来的利润将客户分成大客户和小客户。

（1）大客户包括关键客户、重点客户。这些客户能给企业带来80%的利润，属于20%里面的客户。这种客户通常管理正规、发展规模大且相对稳定，能给企业带来稳定的收入及促进企业的发展。因此，对此类客户应重点管理，即派专门的营销人员定期拜访，为他们提供及时周到的服务，企业高层领导也应与这类客户定期交流，并密切关注客户的人事变动及发展趋势。另设客服代表对客户的订单及投诉进行优先处理。通过以上途径提高客户的满意度。

（2）小客户包括普通客户与无效的客户，即除了大客户外剩下的80%的客户。此类客户对企业完成经济指标贡献甚微，消费额占企业总消费额的20%左右。由于他们数量众多，具有"点滴汇集成大海"的增长潜力，企业应控制在这方面的服务投入，按照"方便、及时"的原则，为他们提供大众化的基础性服务，或将精力重点放在发掘有潜力的"明日之星"上，使其早日升为重点客户。企业营销人员应保持与这些客户的联系，并让他们知道当他们需要帮助的时候企业也不会置之不理。客服代表对这类客户的订单及投诉也应及时处理。

还有另外一种分法即ABC客户分类法，A代表关键客户，B代表主要客户，C代表普通客户，即企业在对某一产品的客户进行分析和管理时，根据客户的购买数量，将客户分成A类客户、B类客户和C类客户。销售量汇总可能达到企业销售量65%以上的，这类客户就定为A类客户。企业一般会为A类客户建立专门的档案，指派专门的销售人员负责对A类客户的销售业务，提供销售折扣，定期派人走访客户，采用直接销售的渠道方式。销售量汇总可能达到企业销售量30%的，这类客户就定为B类客户。余下的就是C类客户。

三、物流客户分类管理的注意事项

实施客户管理抓"大"放"小"，要防止走两个极端。

（1）不要因为客户"大"，就丧失管理原则。企业为"维护"大客户而过度让步、丧失商业利益原则，就会把大客户变成企业的"包袱"，这个包袱甚至比竞争对手通过竞争导致客户分流危害更为严重。客服代表在处理客户问题涉及利益时，也应坚持企业的原则与利益。

（2）不要因为客户"小"，就盲目抛弃。在做出客户取舍前，有必要研究小客户的潜力或者潜在价值，如果具备潜在价值，就有必要培育，力争把其培养成大客户。否则，看似丢了一粒"芝麻",实际上则是丢了一个"西瓜",这也是客户管理的大忌。所以客服代表在日常工作中,对"小客户"也要热情、礼貌、周到。

客户回访是客户服务的重要内容,做好客户回访是提升客户满意度的重要方法。客户回访对于物流企业来讲,可以了解客户对服务的满意度,还可以创造客户价值。客服代表应定期或不定期地对客户进行回访,与客户建立起长期的合作关系。在进行回访之前,应先撰写物流客户回访方案。

任务一　客户分级管理

任务描述

北京乐成物流股份有限公司由于发展迅速,客户量增长迅速,为了做好客户关系维护与管理工作,需要更改目前简单的大客户、中客户、小客户的分类方式,重新进行详细的客户分级分类管理。请客服部项目小组对客户进行分级分类管理。具体要求如下:
(1)选择分级指标。
(2)完成客户的分类统计。

任务目标

1. 掌握客户分级指标的基本内容。
2. 掌握客户等级划分的基本方式。
3. 掌握客户分级管理的基本流程。
4. 能够完成客户分级管理工作。

作业流程

客户分级管理是进行客户关系维护的核心工作,做好了客户分级管理才能为重要的客户提供更好的服务,客户分级管理的基本流程如图1-32所示。

分级指标的选择 ⇒ 划分等级 ⇒ 附加指标界定 ⇒ 确定分类方法 ⇒ 客户统计分类

图1-32　客户分级管理流程

任务实施

北京乐成物流股份有限公司现有的客户分级管理方式较为粗放,缺少对客户数据的深入挖掘,因此导致客户流失率的不断增长及公司销售成本的增加。公司当前处于规模迅速扩张时期,更要确保市场占有率,合理配置公司有限的资源,降低客户流失率。因此确立新的分类指标,建立定量分析模型,对公司的所有客户进行更准确的分类,是当前面临的重要问题。

北京乐成物流股份有限公司目前采用的是按每月收入来划分客户的方式,即每月物流费用在100万元以上的为大型客户;每月物流费用为50万~100万元的为中型客户;每月物流费用不到50万元的为小型客户。

因此,北京乐成物流股份有限公司需要对客户重新进行详细的客户分级分类管理,客户的分级分类应当按照以下方式来进行。

一、分级指标的选择

根据客户分级分类管理的基本思想,结合公司的实际情况,同时综合考虑客户生命周期阶段与客户发展潜力两个因素,最终选定资金状况、稳定性和收入指标这三项指标(表征客户生命周期各阶段)作为分类的依据,并使用附加指标(表征客户发展潜力)对最终分类结果进行修正。各指标的含义见表1-10。

表1-10 客户分级指标的含义

指标名称	指标含义
资金状况	物流公司依据资金回收状况和最长付款期对客户的资信信用度进行评价
稳定性	根据关系墙的一系列指标来评价客户的稳定性大小
收入指标	客户当年在公司订货总金额的大小
附加指标	这一指标通过知名度、市场地位、行业的发展空间和企业的发展空间四个二级指标来表征客户将来能给企业带来更多价值的可能性的大小,即客户的发展潜力。附加指标对最终分类结果起修正作用,不作为分类指标

二、划分等级

1. 资金状况指标的等级划分

对于资金状况指标,选择24个月资金回收状况和最长付款周期这两项具有代表性的次级指标来进行信用等级划分。首先对这两项次级指标分别评分,最后根据总得分来进行信用等级的划分,具体划分情况见表1-11。

表1-11 资金状况指标划分表

24个月资金回收状况	得分(1)	最长付款周期/天	得分(2)
100%~90%	5	30	5
90%~75%	4	60	4
75%~60%	3	90	3
60%~30%	2	180	2
30%以下	1	>200	1

总得分=(1)+(2)
信用等级划分依据:总得分大于或等于8分,评定为高信用等级;总得分小于8分,评定为低信用等级。

2. 收入指标的等级划分

根据每个月物流费用的多少来对其规模进行等级划分,具体划分见表1-12。

表1-12 收入指标等级划分表

总定金额	等级划分
每月物流费用≥100万元的公司	大规模
每月物流费用<100万元的公司	小规模

3．稳定性的等级划分

根据关系墙的一系列指标来评价客户的稳定性大小。如果关系墙标准为高，说明该公司对乐成物流的依赖性强，那么这类客户的稳定性也越高。具体的等级划分情况见表1-13。

表1-13 稳定性等级划分表

关系墙标准	低	高
和客户关系的长短	≤3年	>3年
采购原则	多家供应商或多家采购商	单一供应商+单一决策人
上季度服务水平表现	≤95%	>95%
产品渗透	≤2	>2
业务量占比	≤75%	>75%
联络人交流层面	用户+影响者（管理层面）	用户+影响者+决策者
自动化程度	≤95%	>95%

三、附加指标界定

对公司客户附加价值的评价由专门的评审委员会进行，委员由公司领导、各部门经理和片区销售经理组成。附加指标值的高低依据给公司实际已经带来的或未来可能带来的良好声誉、知名度等附加价值的大小进行综合评分，评价出附加值Y的大小，Y值越大，则附加价值越大。附加指标的评定内容和方法见表1-14。

表1-14 附加指标的评定内容和方法

客户代号		评价时间		存档编号	
序号	评价项目		得分		评语
1	良好的知名度	全球知名	5		
		全国知名	3		
		当地知名	2		
		当地不知名	1		
2	在同行业中的市场地位	很高	3		
		高	2		
		不高	1		
3	行业的发展空间	很大	3		
		大	2		
		不大	1		
4	企业的发展空间	很大	3		
		大	2		
		不大	1		
总分（S）					
评价结果Y=10S/14					

四、确定分类方法

首先根据以上确定的三项分类指标，采用类型组合的方法进行客户分类。然后再根据附加指标值的大小对分类结果做一些局部的调整。可以得到的类型组合见表1-15。

表1-15　类型组合结果

类型代号	组 合 情 况
A	高信用等级——大规模——高稳定性
B	高信用等级——大规模——低稳定性
C	高信用等级——小规模——高稳定性
D	高信用等级——小规模——低稳定性
E	低信用等级——大规模——高稳定性
F	低信用等级——大规模——低稳定性
G	低信用等级——小规模——高稳定性
H	低信用等级——小规模——低稳定性

五、客户统计分类

根据所建立的客户分类模型，对乐成物流现有的37家客户进行实际分类。最终的分类结果见表1-16和表1-17。

表1-16　乐成物流客户分类结果（部分）

客户代号	客户类型	客户代号	客户类型	客户代号	客户类型
1	A	15	A	29	D
2	G	16	D	30	D
3	E	17	B	31	G
4	B	18	E	32	H
5	B	19	C	33	C
6	A	20	D	34	D
7	C	21	G	35	D
8	C	22	C	36	D
9	B	23	F	37	E
10	D	24	D		
11	F	25	F		
12	C	26	D		
13	D	27	D		
14	G	28	F		

表1-17　客户类型统计表

客户类型	A	B	C	D	E	F	G	H
数量	3	4	6	12	3	4	4	1

初步分类完成之后，再根据附加指标值的大小做局部调整。调整的原则是：当附加值大于或等于12时，调整为A类客户，享受A类客户待遇；当附加值大于或等于9、小于12时，调整为B类客户，享受B类客户待遇；附加值在9以下的不做调整。调整后的情况

见表1-18。

表1-18 客户类型调整表

客户代号	客户类型	客户代号	客户类型	客户代号	客户类型
1	A	15	A	29	D
2	G	16	D—B	30	D
3	E	17	B	31	G
4	B	18	E	32	H
5	B	19	C	33	C—B
6	A	20	D—B	34	D
7	C	21	G	35	
8	C	22	C	36	D
9	B—A	23	F	37	E
10	D	24	D		
11	F	25	F		
12	C	26	D		
13	D	27	D		
14	G	28	F		

根据最终的统计分类，乐成物流的37家客户被分为八类，具体见表1-19。

表1-19 客户类型调整统计表

客户类型	A	B	C	D	E	F	G	H
数量	3+1=4	4+3-1=6	6-1=5	12-2=10	3	4	4	1
比例（%）	10.8	16.2	13.5	27.0	8.1	10.8	10.8	2.7

其中，A类客户（高信用等级、大规模、高稳定性）4家，B类客户（高信用等级、大规模、低稳定性）6家，C类客户（高信用等级、小规模、高稳定性）5家，D类客户（高信用等级、小规模、低稳定性）10家，E类客户（低信用等级、大规模、高稳定性）3家，F类客户（低信用等级、大规模、低稳定性）4家，G类客户（低信用等级、小规模、高稳定性）4家，H类客户（低信用等级、小规模、低稳定性）1家。

对这八类37家客户，公司将采用不同的营销策略对客户关系进行维护。

任务二　大客户日常拜访

任务描述

2014年2月15日，北京乐成物流股份有限公司客服部在对客户重新进行分级分类管理后，制订了专门针对A类大客户的增值专享服务，要求客服代表对公司的A类大客户一一进行拜访，把公司为他们打造的这一系列增值专享服务告知他们，同时进行客户服务意见回访。具体要求如下：

（1）制订拜访计划。
（2）完成客户拜访。

任务目标

1．掌握大客户档案管理的基本内容。
2．掌握大客户拜访的基本流程。
3．能正确制订拜访计划。
4．能够按照相关规定完成客户拜访。
5．体会在维护大客户、为大客户服务中应注意的细节。

作业流程

大客户拜访是进行大客户关系维护的基本服务内容，其基本流程如图1-33所示。

大客户档案管理 ⇨ 制订拜访计划 ⇨ 进行拜访准备 ⇨ 实施拜访

图1-33　大客户日常拜访流程

任务实施

一、大客户档案管理

北京乐成物流股份有限公司对A类大客户进行重新划分后，大客户客服代表调取了这4家A类大客户表，见表1-20。

表1-20　公司A类大客户表

公司名称	公司地址	主营业务	联系人	联系电话	月物流费用/元	排名
清××股份有限公司	清××××大厦	IT、电子产品	吴××	135××××××××	1832800	1
北京××药业有限公司	广××36号	药品	陈××	135××××××××	1667500	2
北京北燕有限公司	北京××路6号	服装、食品、百货	张×	135××××××××	1212070	3
北京××电子科技有限公司	大××4号	电子产品	朱××	135××××××××	1204350	4

> **小知识**
>
> 一般来说，物流企业大客户一般有以下三类：
> （1）进入供应链一体化的战略性合作企业或者全物流环节外包的企业。
> （2）具备较大营业规模和较高物流费用标准的企业。
> （3）同行业领先的企业。

大客户客服代表调取了这4家客户企业的档案，细细研究他们的资料，包括客户公司的联系电话、地址、经理、董事长等基本信息，客户公司发展历史、经营目标、发展方向、产品定位、销售状况、与本公司合作情况等重要信息和之前的拜访记录。

学习单元一

操作规范

大客户档案管理的内容

（1）基本信息，包括客户公司的联系电话、地址、传真、电子邮箱以及采购员、采购经理、采购总监、财务总监、销售经理、配送经理、经理、董事长等各层次人员的权限、联系方式、性格、爱好等基本信息。

（2）重要信息，包括客户公司的组织架构、发展历史、经营目标、发展方向、产品定位、销售状况、客户的竞争对手状况、客户的供应商状况、客户的资源及客户状况、我方提供的产品销售了多少、竞争对手有多少、利润如何等。

（3）核心信息，我方的计划和提供的策略，并检查其效果以便修正。

（4）过程管理信息，包括所有的谈判记录、谈判参与人的身份、谈判过程中我方的回答、下一步的策略、客户产品的订购、库存增降情况的记录。

二、制订拜访计划

根据这4家A类大客户的信息和自己的工作日程，大客户客服代表制订了大客户的拜访计划，详见表1-21。

表1-21 大客户拜访计划

编号	客户名称	拜访目的	预计时间	联系人	备注
1	清××股份有限公司	推广大客户专享增值服务，顺便进行客户服务意见回访	2月18日	吴××	
2	北京××药业有限公司		2月19日	陈××	
3	北京北燕有限公司		2月20日	张×	
4	北京××电子科技有限公司		2月22日	朱××	

三、进行拜访准备

2月19日，大客户客服代表刘倩打电话给北京北燕有限公司的张总，确定了2月20日去北燕公司拜访，具体沟通过程如下：

客服代表：您好！张总，我是北京乐成物流有限公司的客服代表，明天（2月20日）是我们订立的合同回访日期，请问您明天什么时间有空？我来公司拜访您！

客　　户：那就早上九点吧，具体地址合同里有的。

客服代表：嗯，好的，地址我已经记过了（找出合同，查阅地址记在笔记本上），我到时候会准时来拜访您！

客　　户：好的，到时候直接来我办公室就可以了。

客服代表：那就不打扰您了！张总明天见。

接下来，大客户客服代表刘倩开始准备拜访的资料，检查次日要携带的物品，进行拜访准备。同时客服代表在拜访北京北燕有限公司前，先详细研究了北京北燕有限公司的资料，并思考"什么才是北燕公司最需要的？我们能提供给北燕公司什么？"。这将是拜访最重要的筹码。

操作规范

> 进行拜访之前要做好以下拜访准备工作：
> （1）拜访前应事先与拜访单位取得联系。
> （2）确定拜访对象。
> （3）拜访时应携带的物品有公司资质文件、宣传画册、采购手册、价格目录、相关证明文件以及随身带的名片、笔记本、笔等。
> （4）拜访时如需赠送礼品，必须提前申报部门主管，经部门经理同意后执行，拜访中如需其他的应酬活动费用，必须提前请示部门主管，经部门主管同意后方可执行。

四、实施拜访

思路清晰之后，大客户客服代表刘倩按之前约定的时间到达北京北燕有限公司拜访了张总，以下是她的拜访过程：

> 客服代表说："我今天是特意来为我们新建立的一系列VIP客户服务做回访的。不知道张总对我们这几个月来的服务是否满意？如果还有什么要求，但说无妨。"
>
> 张总微微一笑，说："近期你们的服务质量有明显的提升，尤其在客服专线方面，你们所选派的VIP客服代表确实起到了很好的作用。"
>
> "非常感谢张总对我们工作的肯定！我今天也是特意过来听您对我们工作的批评意见的！"客服代表非常诚恳地说。
>
> "我觉得你们的服务还缺少新意，我打算换一家合作伙伴。"张总回答道。
>
> 客服代表缓缓地说道："张总，我们是五六年的老合作伙伴了，我知道贵集团主营服装生意，在时效方面特别重视，服装市场虽说不上瞬息万变，但它也是每时都在变的。您的货物晚一步送到商家手上，它的价值很有可能就会受到极大的影响。这次拜访您也主要是为了给您介绍一下我们新推出的VIP客户增值服务计划，另外，我们目前正在进行物料直接配送服务的完善，相信用不了多久您就可以享受到越来越多的增值服务与个性化服务了……还请张总综合考虑一下各方面的因素，我相信虽然我们公司也许不是所有公司中最好的，但应该是最适合贵集团的。"
>
> 张总思索片刻，然后非常干脆地说："好吧！那我们就继续维持目前的这种合作关系，希望你们不要让我失望。对你们即将推出的全新服务我可是抱有很大希望的。"
>
> 客服代表笑着说道："张总，您放心，感谢您对我们工作的支持与信任，我们一定不会辜负您的期望，希望我们合作得越来越愉快。谢谢！"

操作提示

拜访注意事项

（1）服装仪容、言行举止要体现公司的一流形象。
（2）尽可能地与客户建立一定程度的友谊，使之成为核心客户。
（3）拜访过程可以视需要赠送物品及进行一些应酬活动（必须提前请示部门主管，经部门主管同意后方可执行）。
（4）拜访结束后应于两天内填写《周拜访记录表》。
（5）拜访中答应客户的事项或后续待处理的工作应及时进行跟踪、处理。

操作规范

大客户的拜访制度

（1）月回访：主要针对当月公司新发展的潜在大客户和运营出现异常情况的大客户进行电话回访和正式访问。

（2）季回访：主要针对公司正在合作的大客户以及公司季度评估中出现异常的大客户进行电话回访和正式访问。

（3）不定期拜访：主要针对收益较高的大客户、具有发展潜力的大客户或出现紧急异常情况且不能通过常规方式解决问题的大客户进行不定期的拜访，以了解目前大客户对公司业务存在主要问题的反映及建议，并给予及时解决；了解客户的意向，获取客户信息，适时适当地向用户推广公司近期的新增业务，为公司捕捉可能的商机。

任务三　大客户项目管理

任务描述

2014年2月19日上午9点，北京乐成物流股份有限公司客服部接到了泰丰公司的招标邀请书。针对泰丰公司的招标项目，公司成立了专门的项目组来负责这个项目，由项目经理负责泰丰公司项目组的项目管理工作。请你作为该项目客服代表尽快熟悉这种大客户项目管理工作。具体要求如下：

（1）熟悉项目管理的相关岗位职责。
（2）掌握项目管理的流程。

任务目标

1．掌握物流项目管理的职责。
2．了解物流项目管理的特征。
3．掌握物流项目管理的流程。
4．能够进行物流项目管理。

作业流程

大客户项目管理是进行大客户关系维护的重要服务内容，其基本流程如图1-34所示。

掌握项目管理职责 ⇒ 了解项目管理特征 ⇒ 掌握项目管理流程

图1-34　大客户日常项目管理流程

任务实施

一、掌握项目管理职责

为了深入了解物流项目管理的职责，大客户客服代表查看了公司的档案资料，了解到公司以前也成立过专门针对某一项目的项目小组，而且对项目小组具体人员的岗位职责进行了规定，如图1-35所示。

项目经理的岗位职责
1. 全面理解项目客户需求，制订个性化物流解决方案。
2. 根据客户要求，制定出该项目操作须完成的KPI指标，并确定项目相关的质控报表。
3. 负责项目部内部操作岗位的设置、人员的选用及操作流程的培训。
4. 第三方服务商的筛选与考评，搭建物流平台并制定操作流程。
5. 负责项目操作中路由的最终审定，各操作环节运营质量的管控与考核，确保项目正常运转。
6. 审核并监控应急方案的可实施性及保障效果。
7. 以满足客户需求为目的，实现物流成本的可持续降低。
8. 负责客户关系的长期维护与项目攻关。
9. 负责项目操作中重大服务事故的应急解决与处理。
10. 直接对项目总监负责，并进行阶段性工作汇报。

操作经理的岗位职责
1. 全面了解项目客户需求，配合项目经理制订个性化物流解决方案。
2. 负责项目客户的总体运营（提货、分拣、配载、上站等操作环节）、操作和管控。
3. 第三方资源的考察与整合，网络、路由及操作保障平台的最优化设计。
4. 负责项目操作中相关人员的操作标准培训。
5. 不断提高服务质量，优化物流线路，实现物流成本的可持续降低。
6. 负责项目运营中应急保障措施的制定与实施监控。
7. 直接对项目经理负责，并进行阶段性工作汇报。

客户经理的岗位职责
1. 全面了解客户需求，做好与客户接口对接的管控工作。
2. 协助项目经理做好客户的深度开发与维护工作，搭建高层交流通道。
3. 推进项目支持岗位的规范化操作，进行点对点业务指导与管理考核。
4. 对项目保障网络的维护水平及项目客户的潜力价值进行考核、分析。
5. 服务事故及疑难投诉、理赔或法务事件的投诉处理，对典型、重大事故进行分析通报。
6. 定期调查项目客户终端收货方的客户满意度。
7. 对客户服务情况进行分析总结，据此提出对运营操作的改进建议。
8. 直接对项目经理负责，并进行阶段性工作汇报。

图1-35　岗位职责

二、了解项目管理特征

项目管理与一般的客户管理具有很大的区别，为了做好大客户项目管理工作，客服代表要收集资料，对项目管理特征进行了梳理，发现项目管理具有如下特征：

1．一次性

一次性是项目与其他重复性运行或操作工作最大的区别。项目有明确的起点和终点，没有可以完全照搬的先例，也不会有完全相同的复制。

2．独特性

每个项目都是独特的。或者其提供的产品或服务有自身的特点；或者其提供的产品或服务与其他项目类似，然而其时间和地点、内部和外部的环境、自然和社会条件有别于其他项目，因此项目的过程总是独一无二的。

3．目标的确定性

项目必须有确定的目标。只有有了确定的目标，才能做到有的放矢，使项目管理做到有章可循，很好地完成目标。

4．活动的整体性

项目中的一切活动都是相关联的，构成一个整体。多余的活动是不必要的，缺少某些活动必将损害项目目标的实现。

5．组织的临时性和开放性

项目班子在项目的全过程中，其人数、成员、职责是在不断变化的。某些项目班子的成员是借调来的，项目终结时班子要解散，人员要转移。

三、掌握项目管理流程

明确了岗位职责之后，了解了项目管理的特征后，大客户客服代表又学习了项目管理的流程，为今后的项目管理工作打下基础。

通过学习，大客户客服代表将项目管理的流程概括为以下6个步骤：

1．立项调研及分析

立项调研及分析流程如图1-36所示。

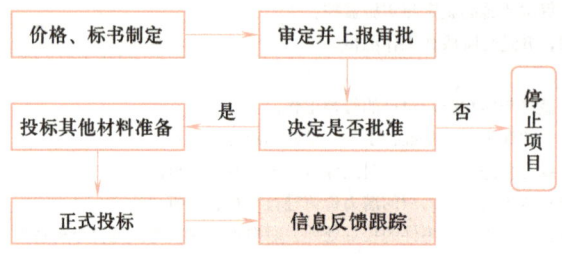

图1-36　立项调研及分析流程

2．议价

项目议价过程如图1-37所示。

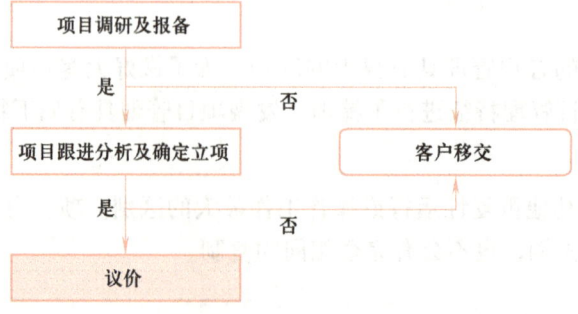

图1-37　项目议价过程

3. 决标

决标过程如图1-38所示。

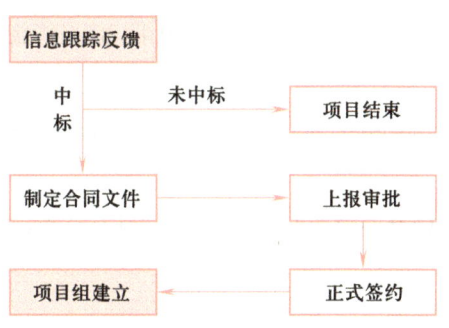

图1-38 决标过程

4. 项目组建立

项目组建立流程如图1-39所示。

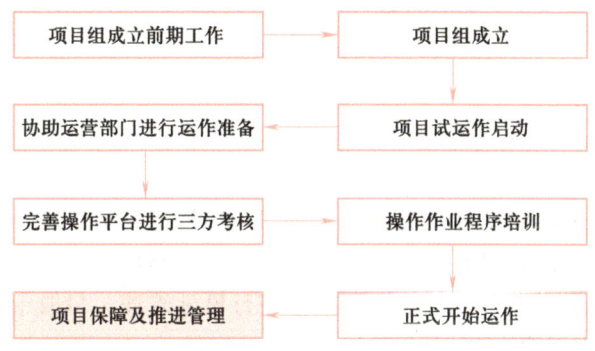

图1-39 项目组建立流程

5. 项目保障及推进管理

项目保障及推进管理流程如图1-40所示。

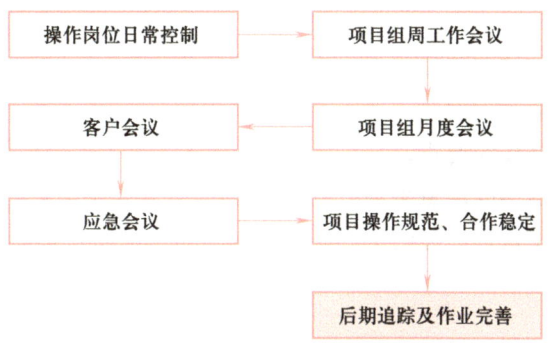

图1-40 项目保障及推进管理流程

6. 后期追踪及作业完善

后期追踪及作业完善过程如图1-41所示。

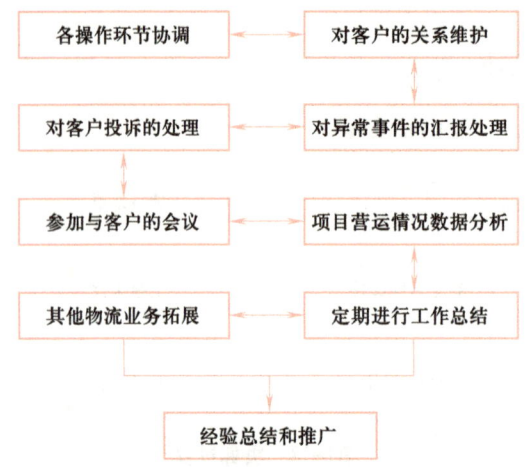

图1-41　后期追踪及作业完善过程

任务四　大客户投标管理

任务描述

针对泰丰公司的招标项目，公司成立了专门的项目组来负责这个项目，由项目经理负责泰丰公司项目组的项目管理工作。泰丰公司这次采用招投标的合作方式，项目组目前面临的一个主要任务就是对泰丰公司的这个项目进行投标管理，争取中标，一举拿下这个项目。请你作为项目组的客服代表参与并完成这次投标任务。具体要求如下：

（1）做好投标的相关准备工作。
（2）完成项目的投标工作。

任务目标

1．掌握大客户投标管理的流程。
2．了解投标准备的基本内容。
3．了解投标标书制作的要点。
4．了解现场解答标书的注意事项。
5．培养客户服务工认真严谨的工作态度。

作业流程

大客户投标管理是进行大客户关系维护的主要服务内容，其基本流程为：投标邀请→接受标书（内容包括投标人须知、说明、投标资质、招标相关文件）→制作标书→递送投标文件→招标方组织评标→定标→签订合同。投标实施步骤如图1-42所示。

投标准备 ⇨ 制作标书 ⇨ 递送投标文件 ⇨ 现场解答标书

图1-42　投标实施步骤

任务实施

一、投标准备

在达成投标意向后，项目组随即着手投标的准备工作。

（1）收集招标企业的资料，深入了解招标企业的状况，包括成长经历、产品类型和特点、市场状况，掌握招标企业的组织结构和未来企业发展态势。大客户客服代表通过浏览泰丰公司网页、查看公司和泰丰公司的往来记录、与泰丰公司员工沟通等方式收集到了泰丰公司的资料。资料内容如图1-43所示。

泰丰公司是一家连锁经营运动品牌的专业公司，旗下连锁店经营包括国际知名的阿迪达斯、耐克、Kappa、彪马，以及国产的李宁、安踏等共十几种品牌。目前在大连运作的物流中心是租用某企业废旧的仓库加以改造完成的，由于前期业务量较小，因此主要是泰丰公司自己管理运作，主要满足辽宁省内连锁店的配送业务，拥有少量小型厢式货车。物流中心运作水平较低，货物存储采取就地堆码的方式，门店补充货品采取简单的人工操作方式。

泰丰公司成立于2006年，初期只是在大连和沈阳开设了两家门店，主要经营签约代理的运动品牌的产品，但近年来业务发展势头良好，逐步在省内各大中城市开设了30多家门店，采取连锁经营的方式，批量货物集中于大连的物流中心，在物流中心内做简单的分类处理、拆包整理以及临时存储，然后按照各连锁店的销售状况进行定期补货，利用自身的车辆和租用社会车辆对省内店铺进行配送。据了解，目前物流中心配送计划的制订具有相当的随意性，基本上只凭经验和连锁店的补货申请制订配送计划，也没有完善的物流信息系统，因此经常出现配送不及时、错发、漏发现象。泰丰公司的领导在运动品牌的连锁经营上采取灵活的策略，摸索出成功的业务发展模式，但对于物流运作仍是门外汉，过去经营规模较小时还能应付，但近年来业务发展势头迅猛，物流问题越来越成为制约企业发展的瓶颈，因此想寻找合适的合作伙伴，将物流业务进行外包，在这样的背景下，分别向有过业务往来的4家物流公司发出了业务合作意向书，期望优中选优，寻找到理想的物流服务供应商，北京乐成物流有限公司就是其中的一家。

图1-43　泰丰公司资料

（2）认真研究招标文件，分析招标内容，提出招标文件中的质疑问题，并做好询标工作。大客户客服代表通过分解招标内容，组成解决各有关内容的工作小组，编制投标文件，确定项目实施的资源、人力以及费用等，进行投资效益分析、可行性研究等。

（3）项目组按照招标书的时间要求，确定了投标活动的时间表，并制订了投标工作计划。

二、制作标书

参照公司以往项目的标书，项目组制作了泰丰公司项目的标书，标书封面、正文如图1-44和图1-45所示。

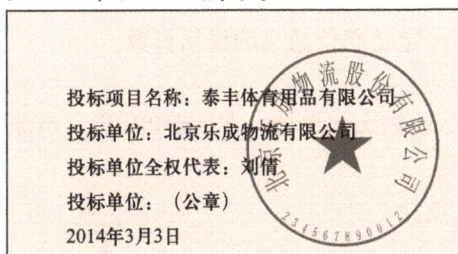

图1-44　投标书封面

致：泰丰体育用品有限公司储运部
　　根据贵方_____招标项目（招标编号：×××）的投标邀请，签字代表_____经正式授权并代表投标人_____提交下述文件正本一份和副本一式____份。
1. 投标书
2. 投标分项报价表
3. 法定代表人/负责人授权书
4. 售后服务计划
5. 相关经营业绩
6. 资格证明文件
7. 按招标文件投标人须知和技术规格要求提供的有关文件
8. 投标保证金，金额为人民币_____元

在此（据此函），签字代表宣布同意如下：
1. 投标人将按规定履行合同责任和义务。
2. 本投标有效期为自开标日起_____日。
3. 投标人已详细审查了全部招标文件，包括修改文件（如需要修改）以及全部参考资料和有关附件。
4. 投标人同意提供按照贵方可能要求的与其投标有关的一切数据或资料。

地址：_____　邮编：_____
电话：_____　传真：_____
　　　　　投标人代表（姓名、职务）签字：_____
　　　　　投标人单位名称：_____（盖公章）
　　　　　日期：____年____月____日
　　　　　全权代表签字：_____

图1-45　投标书正文

三、递送投标文件

可以采用快递的方式递送投标的相关文件，也可以派专人递送投标文件。采用快递形式递送时，要注意相关单据的留存，并在快递约定送达日期后，及时与收件人联系，确保投标文件按时送达。

四、现场解答标书

现场解答标书不是投标管理的必要步骤，换句话说，有些项目是不需要现场解答标书的。招投标方式不同，对现场解答标书这一环节的要求也不同。一般来说，大型的招投标项目是需要现场解答标书的，而中小型的招投标项目则不需要。

泰丰公司这次招投标项目有现场解答标书这一环节。大客户客服代表与同事拿好解标所需要的材料，准时到达解标现场参加解标，如图1-46所示。

事先，大客户客服代表了解到现场解答标书要注意以下事项：
（1）迅速判断对方谁是真正的决策者，有时并不一定是职位最高的说话算数。
（2）面向主要决策者，但也要兼顾到每一个人。
（3）笔记本式计算机中要有投标书及招标书的Word或Excel文档，在演示PPT后，可能会需要针对标书进行讲解。
（4）气氛掌握很重要，最好营造专业、轻松的气氛。
（5）按分工回答问题，直至最后总结陈词。

（6）对现场遇到的突发事件，当机立断，有"将在外君命有所不受"的气魄。

（7）结束时与每一个人握手致谢，为后续沟通奠定基础。

图1-46　现场解答标书

 项目评价

项目评价表

班　级		姓　名		小　组			
项目名称		仓储与配送客户关系管理与维护					
考核内容	评价标准	参考分值(100)	考核得分			备　注	
			自评分	互评分	教师评分		
知识技能掌握情况	能够描述客户分级管理的基本流程	10					
	能够描述大客户日常拜访的主要流程	10					
	能够制订大客户拜访计划	10					
	能够进行大客户拜访	8					
	能够描述大客户项目管理的基本流程	10					
	能够对客户划分等级	8					
	能够完成客户的统计分类	8					
	能够描述客户分类方法	8					
	能够描述大客户投标管理基本流程	8					
参与活动情况	认真扮演自己的角色，配合其他角色完成任务	15					
	积极参加任务操作						
	积极参与小组讨论						
	积极回答老师提问						
情感、态度、价值观	团队合作意识、竞争意识以及沟通交流能力	5					
	小计						
合计=自评分×20%+互评分×40%+教师评分×40%							

 项目小结

通过学习仓储与配送客户关系维护，应该掌握以下内容：

1．客户分级管理的基本流程包括客户分级指标的选择→划分等级→附加指标界定→

确定分类方法→客户统计分类。

2．大客户日常拜访的主要流程是：大客户档案管理→制订拜访计划→进行拜访准备→实施拜访。

3．大客户拜访计划一般包括客户名称、拜访目的、预计时间和联系人等内容。

4．大客户项目管理的基本流程包括：掌握项目管理职责→了解项目管理特征→掌握项目管理流程。

5．大客户投标管理是进行大客户关系维护的主要服务内容，其基本流程为：投标邀请──接受标书（内容包括投标人须知、说明、投标资质、招标相关文件）→制作标书→递送投标文件→招标方组织评标→定标→签订合同。

6．投标实施步骤是：投标准备→制作标书→递送投标文件→现场解答标书。

项目自测练习

一、判断题

1．客户服务是一个附加服务，目的只是获取经济利益。（　）

2．拜访前不需要与拜访单位取得联系。（　）

3．大客户拜访计划表包括客户名称、拜访目的、预约时间、联系人等信息。（　）

4．大客户拜访的基本流程是：大客户档案管理→制订拜访计划→进行拜访准备→实施拜访。（　）

5．项目管理活动的整体是指项目中的一切活动都是相关联的，构成一个整体。多余的活动是不必要的，缺少某些活动必将损害项目目标的实现。（　）

二、简答题

1．写出你对客户关系维护的理解，字数在200字左右。

2．简述客户分级管理的基本流程。

3．简述项目管理的基本流程。

4．简述项目投标管理的基本流程。

三、业务训练

请从网上找一家连锁超市企业或电器销售企业为客户，收集该客户的相关资料，制订相应的拜访计划，并以小组为单位，模拟演练大客户拜访的过程。

UNIT 2
运输客户服务

学习单元二

单元描述

物流运输指"物"的载运及输送。它是在不同地域范围间（如两个城市、两个工厂之间，或一大企业内相距较远的两车之间），以改变"物"的空间位置为目的的活动，是对"物"进行的空间位移。运输是物流服务的核心环节，无论是企业的输入物流还是输出物流，都是依靠运输来实现商品的空间转移。可以说，没有运输就没有物流，也就没有物流服务。

企业必须考虑运输服务的质量以及这种服务对整个物流系统动作成本的影响。运输服务质量通常包括运输时间、运输可靠性、运输安全性、服务容易性等。

运输是一个动态的过程，因而运输客服不仅要做好运单的受理与跟踪、客户纠纷的处理、客户的管理工作，还要能对运单进行跟踪和反馈，为客户提供满意的服务。

单元学习目标

1. 具备货物运单受理的能力。
2. 具有货物订单跟踪的能力。
3. 具有运输客户纠纷处理的能力。
4. 能正确填写投诉处理通知单。
5. 能够完成运输客户服务管理。
6. 能正确填写客户回访登记表。
7. 能正确撰写客户回访报告。
8. 具有良好的语言表达能力、沟通能力和协作能力。
9. 爱岗敬业，具有高度的责任心和认真细致的工作态度。

单元学习内容

项目一　运输客户订单受理与跟踪
项目二　运输客户纠纷处理
项目三　运输客户关系维护

项目一　运输客户订单受理与跟踪

项目背景描述

北京乐成物流股份有限公司是一家以国内公路运输网络为基础，提供快捷、准时、安全、优质的标准化公路运输服务的物流企业。北京乐成物流股份有限公司总部位于北京，在国内主要城市和经济区域都拥有自己的综合物流配送中心和营业网点，构筑起完善的陆运物流网络服务平台。北京乐成物流股份有限公司竭诚为客户提供优质的运输服务。其服务优势主要有以下几点：

（1）拥有全国最大最全的公路运输网络。
（2）以门到门的运输方式，在全国600多个城市拥有1500多个网点，提供取送货服务。
（3）经济实惠，为客户提供经济实用的全国性标准零担公路运输服务。
（4）运输快捷，主要中心城市之间的运输时间为2～4天，市县级城市则为3～6天。

北京乐成物流股份有限公司项目客服部主要负责为北京市内各个项目客户提供相应的物流客户服务。该客服部门设有多个项目小组，每个项目小组具体负责一个项目客户的日常客户服务工作。

北京北燕有限公司是乐成物流股份有限公司的长期客户，是由世界500强企业北燕集团于2010年5月投资创办的食品类电商公司，该公司业务以各种食品在线销售为主，范围覆盖全国各个省市。随着近几年的蓬勃发展，北燕公司已成为中国领先的大型食品类B2C电子商务平台，其日订单量已突破500单。

为给北燕公司提供更好的物流服务和客户服务体验，北京乐成物流股份有限公司项目客服部专门为其成立一个新的项目小组，负责北燕公司在全国范围内的运输、配送等业务。该项目小组包括一名客服组长，负责一线客服代表的管理，除保证业务过程的正常进行外，还须对各客服代表进行业绩评估，并具体实施相应的改进措施；该项目组设3名客服代表负责与项目客户的相关人员进行对接，提供相应服务，做好物流客户关系管理。该项目小组的基本组织架构如图2-1所示。

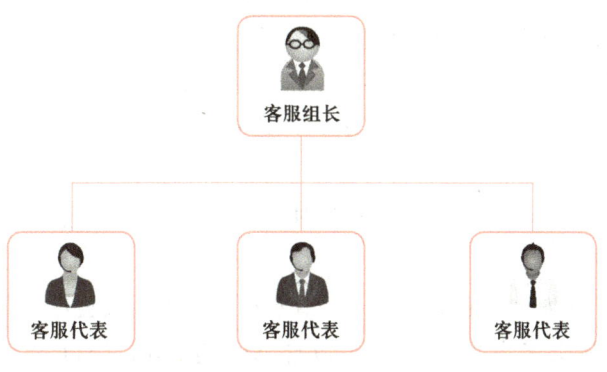

图2-1　客服小组组织结构

新员工业务储备

一、接听电话基本服务规范用语

1. 服务用语词汇

接听电话时的服务用语词汇如"您好""请问""请讲""请稍等""很抱歉""对不起""麻烦您""不用谢""不用客气""请您再说一遍""感谢您的耐心等待"。

2. 服务忌语

接听电话时的服务忌语如"打错了""不知道""大声点""我问你贵姓""你听清楚没""你快点讲啦""喂,你出声啊""你问我,我问谁""慢慢讲,急什么""有本事就投诉我""你怎么不早说""你到底有没有听我讲""听不见,再讲一次""刚才不是告诉你了吗""你为什么不提前准备""我问你手机号码""你电话太吵我怎么听""有没有搞错,说那么大声""你知不知道""你刚才不是已经查过了吗""我没办法""我不清楚""我没有空""我要下班了,你明天再打来""你自己去看""你着什么急""我正忙着呢""这事不归我管""这事与我无关""你说得不对""你真啰嗦""你为什么不问清楚""你怎么这么烦""喂,有没有声音""说吧""你听我说""什么?听不清,重讲"等。

3. 基本规范服务用语

(1) 接通客户电话时应先说问候语,如"您好,××客服中心,××号为您服务,请问您需要什么帮助?"

(2) 电话结束时,规范用语为:"请问您还需要其他帮助吗?"

(3) 如果客户没有问题可说,应说:"感谢您的来电,请挂机,再见!"

(4) 请求客户提供号码时,规范用语为:"请您提供手机号码(可重复)。"

(5) 客户报完账号时,规范用语为:"我帮您重复一下:您的账号是××××××(客服代表应重复一次客户的账号,避免出现查询错误现象),您看对吗?"

(6) 客户进行业务咨询,客服代表查询资料时,规范用语为:"请您稍等,我帮您查询。听不到我的声音,请不要挂机。"

(7) 客户提出自己不能准确回答的问题或暂时查不到相关资料或不熟悉公司的某些信息(禁止根据自己的猜测回答客户的问题,以免引起客户的反感)时,规范用语为:"很抱歉,请您稍等一下,我帮您核实。"注意:不能对客户说"我不知道"或"我不清楚",要及时询问其他相关人员或上级,知道正确答案后及时告诉客户,期间要按等待键。

(8) 请客户稍等后再次向客户进行解答时,规范用语为:"感谢您的耐心等待,您咨询的问题是……"

(9) 客户非常着急时,规范用语为:"请您不要着急,我会尽力帮您解决。"

(10) 不能正确领会客户的意图,或客户自身表达不清(有口音)时,规范用语为:"很抱歉,我不太明白您的意思,请您再重复一遍,好吗?"

（11）暂时无相关资料或估计需要让客户等待较长时间，将外呼回复时，规范用语为："很抱歉，您所提到的问题，由于××××××原因，我需要进一步核实，请您留下联系电话，我们会将结果及时回复给您。"

（12）要求提供客户个人信息时，"很抱歉，为了维护客户的利益，我无法为您提供客户个人信息，请您谅解。"

（13）查找客户资料时因系统运行较慢，需要客户等待片刻时，规范用语为："电脑正在查找，请您稍等。"或"我们的系统正在执行指令，请您稍等。"

（14）客户找其他班次的××号客服代表时，规范用语为："您可以把问题告诉我，我也可以帮您处理。"客户坚持要找原客服代表，可以让客户在其上班时间内拨打。（注：实际上客服代表只要语言各方面运用得当，客户是不会坚持找原客服代表的，而且作为客服代表应尽全力解决好每一个来电。）

（15）客户找本班次的××号客服代表时，规范用语为："您可以把问题告诉我，我也可以帮您处理。"客户坚持找原客服代表时，若原客服代表空闲，可说："现在我为您转接电话，请稍等。"若原客服代表正在通话，可说："很抱歉，××号客服代表正在通话，您可以将问题告诉我，我会尽全力帮您解决。"若客户坚持要找原客服代表，可以让客户在其上班时间内拨打。

（16）客户咨询非本公司业务时，规范用语为："很抱歉，您咨询的问题不是我公司业务，请您拨打其他服务热线。"

（17）客户要求聊天，占用较长通话时间时（骚扰电话），规范用语为："很抱歉，我们不提供此项服务，感谢您的来电，请挂机，再见。"

（18）客户提出一些建议时，规范用语为："您的建议很重要，我们会及时转给相关部门，谢谢您的支持！"或"非常感谢您向我们提出这个建议，谢谢您的支持！"

如果客户提出的建议未被采纳，可说："十分抱歉，您在建议中提到的内容要求，我们暂时无法向您提供，请谅解！同时，也感谢您对我们公司的信任，我们会考虑您的建议。希望您以后能够继续关注我们，支持我们。"

4．特殊情况的规范用语

（1）当节假日有电话呼入时，规范用语为："节日好！（周末好！新年好！）××号为您服务，请问您需要什么帮助？"电话结束时："再次祝您节日快乐！感谢您的来电，再见！"

（2）当客户声音很小时，规范用语为："很抱歉，我听不到您讲话，请您大声一点好吗？"客户语速太快或使用方言，"很抱歉，我没有听清您的问题，请您重复一遍好吗？"

（3）当客户声音时断时续，听不清时，规范用语为："很抱歉，您讲话的声音时断时续，请您再重复一下，好吗？"如客户电话仍时断时续，可告知："很抱歉！我确实无法听清楚您的讲话内容，请您稍后再拨或换一部电话再打，好吗？"征得客户同意后，主动挂机。

（4）当客户不讲话时，规范用语为："您好，您的电话已接通，请讲话。"重复两次

学习单元二

后，若客户还不讲话，可说："很抱歉，您的电话没有声音，请稍后再拨，再见！"

（5）当客户中途与他人讲话或停顿时间较长时，规范用语为："很抱歉，我听不到您的声音，请讲话（停顿3秒）。"重复两次后，若客户还不讲话，可说："抱歉，由于线路原因我听不到您讲话，请稍后再拨，再见！"

（6）当客户对客服代表进行表扬时，规范用语为："不客气，这是我应该做的，请问您还需要其他帮助吗？"

（7）当客户拨错电话时，规范用语为："您好，这里是××客户服务中心，请问您有什么问题需要咨询？""请您查正后再拨"，如客户说"很抱歉，打错了"，应讲："没关系，再见！"

5．客户投诉时的规范用语

（1）能直接答复客户的，可先平息客户怒气，了解投诉内容，如"先生/女士，我首先对此问题给您带来的不便表示歉意，请您详细讲一下您要反映的情况，我们会帮您解决的。"

（2）需要外呼，不能直接答复的，规范用语为："您投诉/反映的内容我们已做了详细记录，会很快转发到相关部门解决，处理完毕后我们会及时将结果通知到您。"

（3）当客户就公司的服务质量进行投诉时，规范用语为："请您把详细的情况和投诉的问题发到我们的投诉信箱，欢迎您继续监督我们的服务。"

（4）当客户投诉你本人或其他客服代表服务态度不好或业务不熟练时，规范用语为（听完客户的陈述后）："对不起，非常欢迎您监督我们的服务，我们会在以后的工作中注意改进，谢谢您的建议！"（注意：处理此类问题时应尽量平息客户的怒气，避免投诉升级）

（5）当客户再次就其提出的问题要求回复时，规范用语为："您好！请留下您的联系方式，我们会将处理结果尽快通知您！"

二、拨打电话基本服务规范用语

1．咨询

就客户咨询的问题进行回复时，规范用语为："您好！请问您是××吗？我是×××公司的客服代表，您现在方便接听电话吗？关于您上次咨询的问题……"交流完毕后，应说："如有需要，请及时与我们联系，再见！"

2．投诉

处理投诉问题时，规范用语为："您好，请问您是××吗？我是×××公司的客服代表，关于您上次投诉的问题……"交流完毕后，应说："感谢您的理解与支持，再见！"

3．调查回访

对客户进行调查回访时，规范用语为："您好，请问您是××吗？我是×××公司的客服代表，想就几个简单的问题与您进行一下沟通，不知您现在是否方便？"回访结束后，应说："非常感谢您的理解与支持，再见！"

任务一　货物运单受理

任务描述

2013年7月15日上午9点，北京乐成物流股份有限公司客服部收到客户北京北燕有限公司发来的电子邮件，申请运送200箱康师傅矿物质水到上海，电子邮件内容见表2-1。

表2-1　邮件内容

商品名称	规格	数量	包装	重量/t	体积/m³	到货日期
康师傅矿物质水	500×12	200	纸箱	1.5	1.32	2013-7-20
收货单位	上海美嘟食品有限公司					
收货地址	上海市普陀区古浪路××号　　邮编200000					
联系人	刘立昱					
电话	134××××××××					

请公司客服代表完成相关运单业务的受理工作。具体要求如下：
（1）完成客户运输申请的接收工作。
（2）完成货物运输订单的录入工作。

任务目标

1．掌握货物运单受理流程。
2．能正确维护客户基本信息。
3．能正确录入货物运单信息并生成作业计划。
4．培养为客户服务、为客户着想的意识，能认真、细致地完成货物运输申请的审核。

作业流程

货物运输订单受理作业流程如图2-2所示。

接收货物运输申请　⇨　维护客户基本信息　⇨　录入货物运输订单

图2-2　货物运输订单受理作业流程

任务实施

一、接收货物运输申请

1．接收客户电子邮件

客服代表登录公司电子邮箱，查看客户发来的电子邮件，并将邮件保存到公司客服部专用文件夹中。邮件内容如图2-3和图2-4所示。

乐成公司客服部：

您好！我司有一批货物需从北京运往上海，具体信息见附件。

急需运送，收到请回复。

北京北燕公司

2013年7月15日

图2-3　货物运输申请邮件

货物运输申请						
商品名称	规格	数量	包装	重量（T）	体积（m³）	到货日期
康师傅矿物质水	500*12	200	纸箱	1.5	1.32	2013-7-20
收货单位	上海美嘟食品有限公司					
收货地址	上海市普陀区古浪路××号				邮编	200000	
联系人	刘立昱					
电话	134××××××××					

图2-4　邮件附件-货物运输申请

2．核对邮件信息，沟通运输相关信息

接收电子邮件后，客服代表审核客户所运输的货物是否属于公司承运范围。审核通过后，客服代表立即电话联系客户，告知客户电子邮件已收到，使客户放心。

同时就电子邮件中托运货物的相关信息（包括货物名称、规格、数量、体积等信息）、收货人的相关信息等重点内容向客户复述一遍，确保货物信息准确。

另外，客服代表须与客户进一步沟通，确认其他运输相关信息。

（1）北京北燕有限公司发货联系人为刘忻，联系方式为132××××××××，地址为北京市西城区月潭南路××号，取货时间为2013年7月15日18:00之前。

（2）美嘟公司的收货时间为每天上午8点至下午6点，周六、周日也可收货，但最迟到货日期不能晚于7月20日。

（3）货物不投保，须上门取派并返回运单作为回单。

（4）运输的费用：运杂费合计3600元，即运费3000元、杂费600元。结算方式为：托运人现结。

操作规范

若托运货物不在承运范围内，也应及时电话告知客户。

知识链接

邮件处理及回复

1．客户邮件处理

通过网络的电子邮件系统，用户可以以非常低廉的价格，非常快速的方式（几秒钟之内可以发送到世界上任何指定的目的地），与世界上任何一个角落的网络用户联系，这些电子邮件可以包含文字、图像、声音等各种形式的内容。电子邮件是与客户交流的重要的工具。

2．正确回复客户邮件注意事项

（1）邮件地址（收件人）——确认准确。

（2）邮件主题——明确、简洁。

（3）邮件内容注意事项如下：

1）称呼要用尊称。

2）开头进行简单的自我介绍。

3）主体内容文字应力求简明扼要，并达到沟通效果。字体一般用宋体；大小一般为10磅；一行最多文字数不超过30字。

4）落款要清晰明了，注明发信者身份。

（4）附件的使用。给客户的邮件如需要用附件，要确保附件已经添加和上传。

（5）邮件发送。重要邮件要保存，给客户发出邮件后要电话确认。

二、维护客户基本信息

客服代表进入基本信息管理系统，单击"客户管理"模块，进行客户基本信息维护，如图2-5所示。

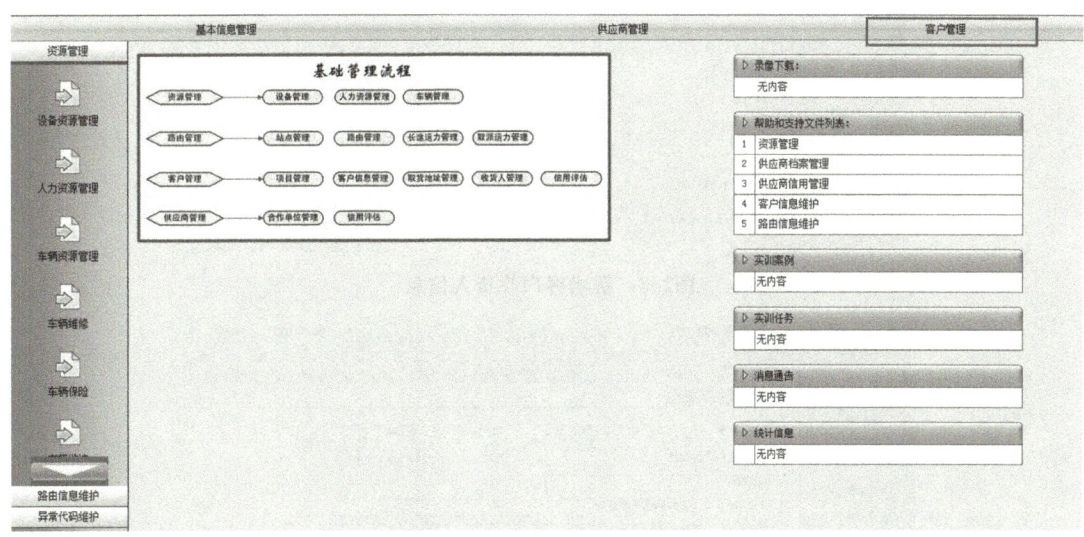

图2-5 进入基本信息管理系统

1．维护客户取货地址信息

单击"客户取货地址信息"，新增客户的取货地址信息，并提交，如图2-6和图2-7所示。

图2-6 新增客户取货地址信息

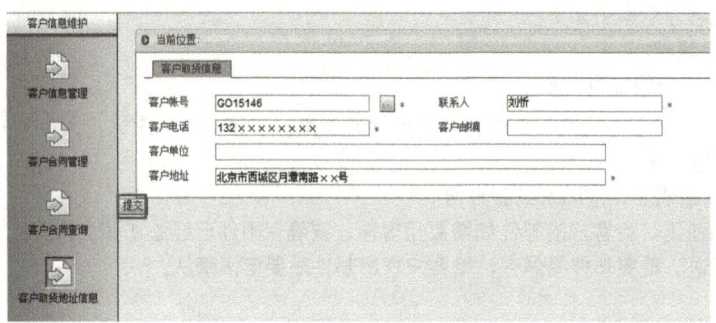

图2-7 提交客户取货地址信息

2．维护客户收货人信息

单击"客户收货人信息"，新增客户的收货人信息，并提交，如图2-8和图2-9所示。

图2-8 新增客户收货人信息

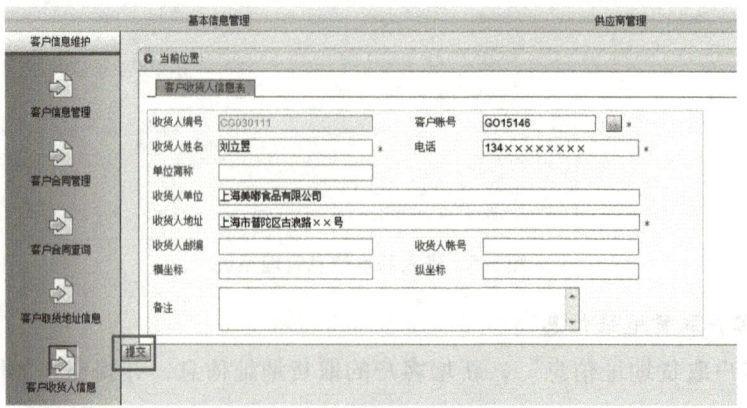

图2-9 提交客户收货人信息

客户基本信息维护完成后,要认真核对录入系统中的信息,如有不一致的信息,须根据最新的信息对系统信息进行更改,及时更新系统数据。

三、录入货物运输订单

1．订单录入

客服代表进入订单管理系统,选择"订单录入"模块下的"运输订单",单击"新增",新增一个运输订单,如图2-10和图2-11所示。

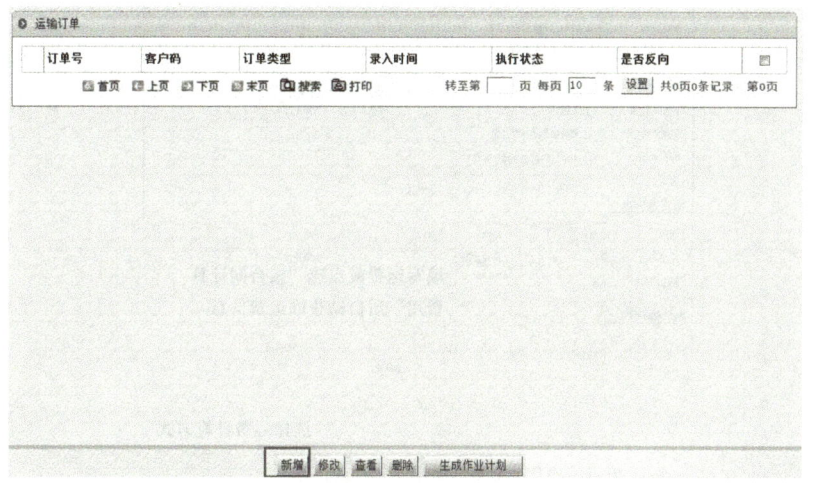

图2-10　订单选择

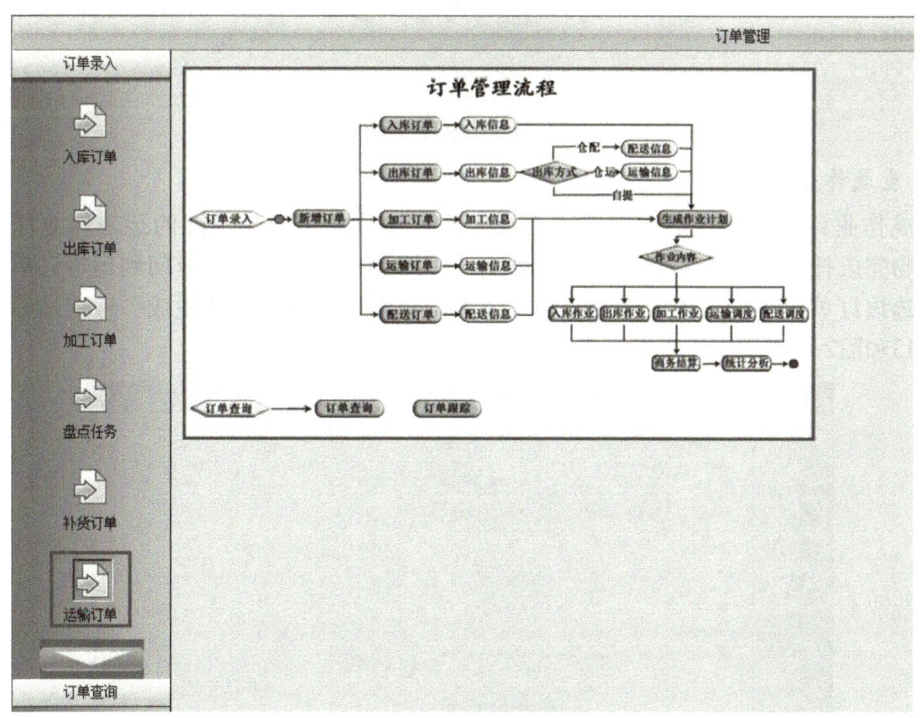

图2-11　新增运输订单

在图2-11中,单击"新增"后,根据所掌握的信息分别进行录入,其中,带"*"的为必填项,填写后如图2-12所示。

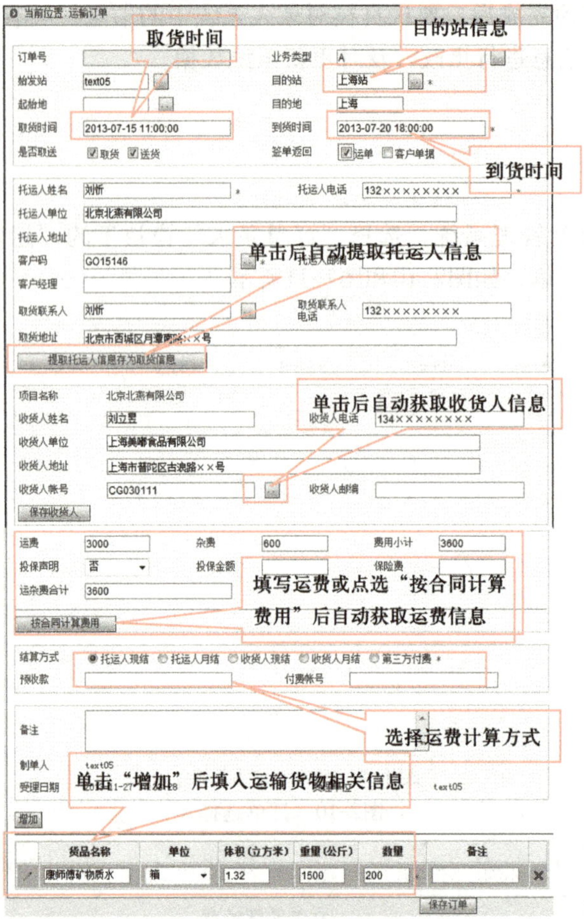

图2-12 运输订单填写

2. 生成作业计划

生成作业计划是将订单管理系统中录入的订单信息转变为实际的运输作业任务,从而使货物完成托运受理作业。在订单管理系统中的操作过程如下:返回到运输订单列表界面,勾选该订单后单击"生成作业计划",单击页面底部的"确认生成"生成运输订单,如图2-13和图2-14所示。

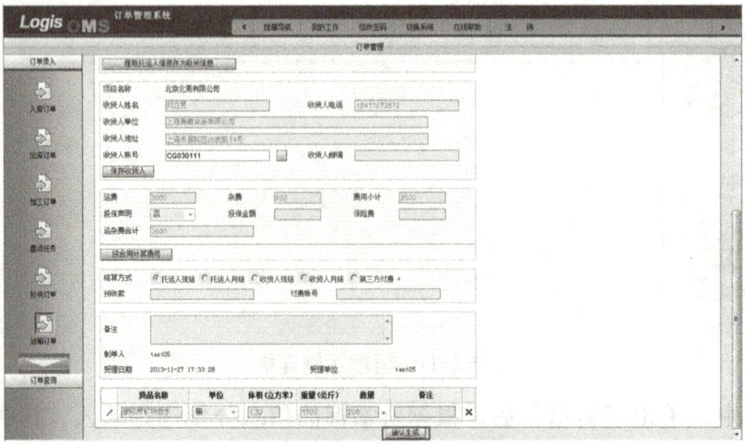

图2-13 生成作业计划

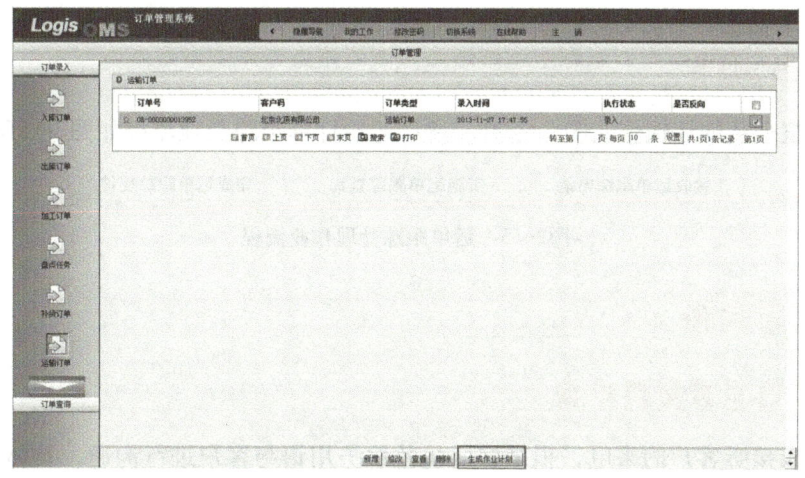

图2-14 作业计划确认生成

订单生成作业计划后,将直接传到运输调度部门,作为运输调度的依据。

> **小知识**
>
> **订单传递方式**
>
> 目前订单传递方式有邮件系统传递、纸质文件传递以及办公软件系统自动单证传递。无论是哪种方式,订单传递必须是第一时间准确地传递给业务执行部门。如运输型公司,客服把订单第一时间传递给调度部门。

任务二 货物运单跟踪

任务描述

2013年7月19日下午,北京乐成物流股份有限公司客服部收到客户北京北燕有限公司的查询电话,询问运单号为0000000000731的货物在途运送情况,货物能否在预计日期到达客户手中。请公司客服代表完成相关货物运单跟踪查询工作。具体要求如下:

(1) 完成运单跟踪查询。
(2) 及时向客户进行反馈。

任务目标

1. 掌握运单跟踪受理流程。
2. 能跟踪货物在途运送情况。
3. 能完成运单跟踪反馈。
4. 培养客服工作人员为客户服务的意识,能认真负责地完成订单跟踪。

 **作业流程**

运单是整个货物运输作业的命令单,货物运输订单跟踪受理流程如图2-15所示。

接收运单跟踪申请 ➡ 实施运单跟踪查询 ➡ 完成运单跟踪反馈

图2-15 运单跟踪受理作业流程

 **任务实施**

一、接收运单跟踪申请

客服代表接听客户的来电,根据客服规范服务用语与客户进行沟通。具体的沟通过程如下:

> 客服代表:您好,北京乐成物流股份有限公司客服部!××号话务员为您服务,请问有什么可以帮助您?
> 客　　户:我是北京北燕有限公司的工作人员,我想查一下我发送的货物到哪里了?
> 客服代表:好的,麻烦您提供一下货物运单号。
> 客　　户:0000000000731。
> 客服代表:请您稍等……

二、实施运单跟踪查询

1. 进入运单查询界面

客服代表进入运单管理系统查询货物的在途运送信息。单击"运单管理"模块下的"运单查询"进入运单查询界面,如图2-16所示。

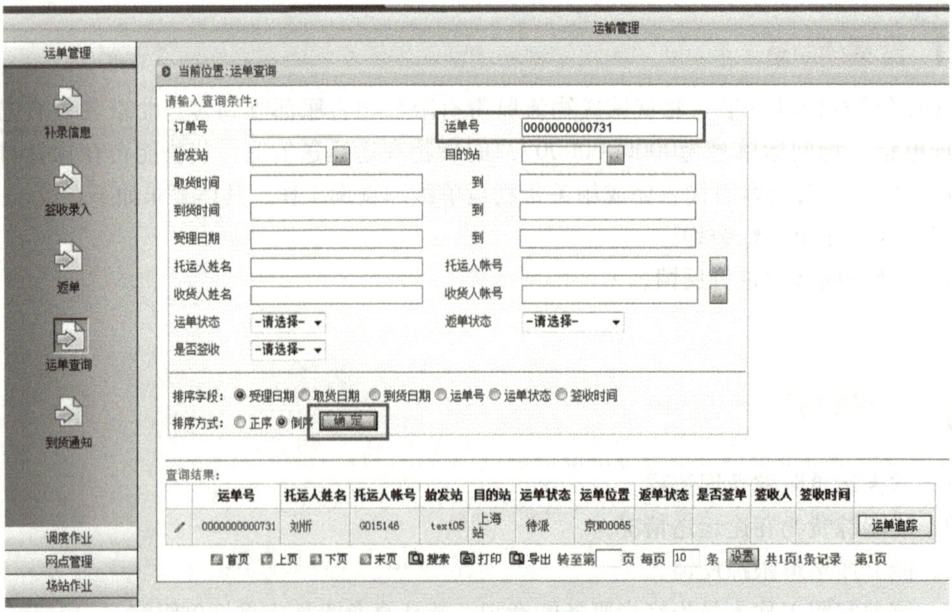

图2-16 进入运单查询界面

2．进行运单跟踪

客服代表将客户提供的运单号0000000000731输入相应栏目中，并单击"确定"查找到相应运单，如图2-17所示。

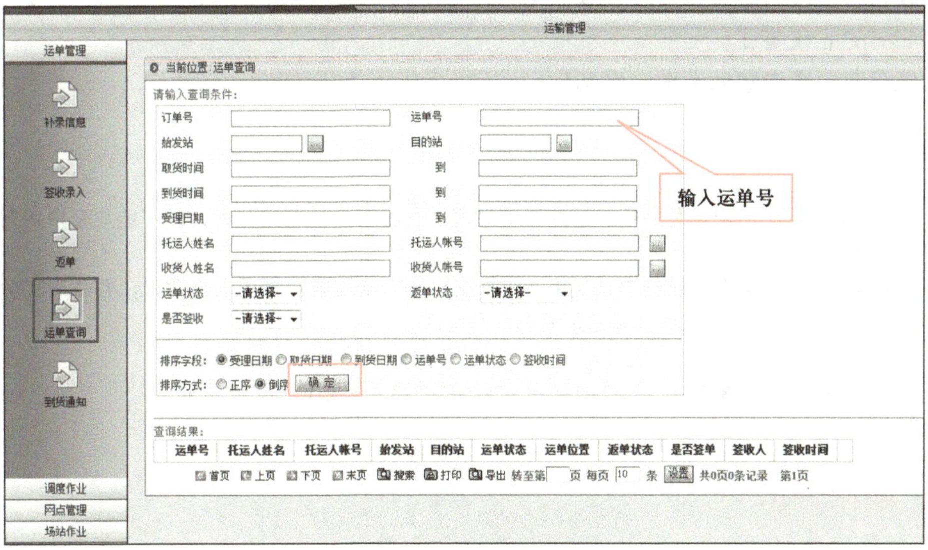

图2-17　查询相应运单

然后，单击图2-18中的"运单跟踪"，进行运单跟踪。

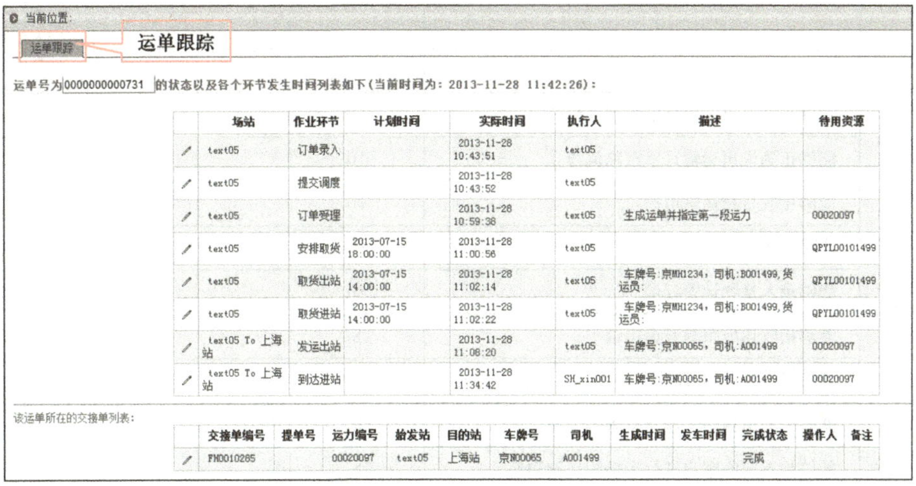

图2-18　运单跟踪信息

根据运单的跟踪信息，客服代表得知此批货物已顺利到达上海站，并完成了进站扫描。

三、完成运单跟踪反馈

客服代表将查询结果礼貌地告知客户，同时询问客户有无其他需求。确认客户没有其他需求后，与客户礼貌告别，结束通话。具体沟通过程如下：

客服代表：您好，抱歉让您久等了，您所发送的货物已经顺利到达上海站，预计明天就能送到收货人处。
客　　户：好的，我知道了，谢谢。
客服代表：请问您还需要其他服务吗？
客　　户：没有了。
客服代表：感谢您的来电，再见！

操作提示

1. 接听电话务必使用规范用语，注意服务态度，无论客户的情绪如何，都不能与客户对骂、挂客户电话或者使用服务禁语。
2. 在客户进行业务咨询过程中，如果当时解决不了，承诺客户稍候回电话时，务必在30分钟内对客户进行回复，不管结果如何，都必须给客户回电话。
3. 以客为先，礼貌友好，始终不骄不躁，以愉快的心情接听每一个电话。
4. 面对态度欠佳的客户时，应保持良好、轻松的态度，委婉地与客户沟通。

 **项目评价**

项目评价表

班　级			姓　名		小　组	
项目名称			运输客户订单受理与跟踪			
考核内容	评价标准	参考分值（100）	考核得分			备注
			自评分	互评分	教师评分	
知识技能掌握情况	能够正确说出运输订单受理流程	10				
	能够正确说出运输订单跟踪流程	10				
	能够接收货物运输申请	10				
	能够维护客户基本信息	8				
	能够录入货物运输订单	10				
	能够接收运单跟踪查询申请	8				
	能够进行运单的跟踪查询	8				
	能够完成运输跟踪查询结果的反馈	8				
	能够与不同的客户进行顺畅的交流沟通	8				
参与活动情况	认真扮演自己的角色，配合其他角色完成任务	15				
	积极参加任务操作					
	积极参与小组讨论					
	积极回答老师提问					
情感、态度、价值观	团队合作意识、竞争意识以及沟通交流能力	5				
小计						
合计=自评分×20%+互评分×40%+教师评分×40%						

项目小结

通过学习货物运输订单受理与跟踪业务，应该掌握以下内容：

1. 货物运输订单受理流程为：接收货物运输申请→维护客户基本信息→录入货物运输订单。
2. 货物运输订单跟踪受理流程一般为：接收运单跟踪申请→实施运单跟踪查询→完成运单跟踪反馈。
3. 使用订单管理系统录入货物运输订单并生成作业计划。
4. 使用运输管理系统跟踪查询运单信息。
5. 完成运单跟踪反馈。

项目自测练习

一、判断题

1. 接收传真后，客服代表应该审核客户所运输的货物是否属于公司承运范围。（ ）
2. 接收传真后，如果托运货物不在承运范围内就不用再联系客户了。（ ）
3. 货物运输申请可以采取口头申请、电话申请、网上申请、传真申请等多种形式，只要能把申请告知对方就行。（ ）
4. 收到传真后，客服代表应及时对收到的传真进行登记。（ ）
5. 货物运输申请审核通过后，客服代表还须与客户进一步沟通，确认运输作业的其他相关信息。（ ）
6. 客服代表接听客户的来电时，应使用客服规范用语与客户进行沟通。（ ）
7. 客服代表将运单跟踪查询结果礼貌地告知客户后，不用再询问客户有无其他需求。（ ）

二、简答题

1. 货物运输申请审核通过后，客服代表还须与客户进一步沟通，确认运输作业的哪些相关信息？
2. 货物运单受理的流程是什么？
3. 如何处理客户申请取货时增加某货物或已有货物数量的要求？
4. 货物运输订单跟踪受理流程是什么？
5. 运单跟踪查询的申请形式有什么？

三、业务训练

2013年5月3日上午8点，北京乐成物流股份有限公司客服部收到客户北京北燕有限公司发来的电子邮件，申请运送150箱康师傅矿物质水到上海，电子邮件内容见表2-2。

表2-2 客户往来电子邮件内容

商品名称	规　格	数　量	包　装	重量/t	体积/m³	到货日期
康师傅矿物质水	500×30	150	纸箱	2.5	1.68	2013-5-17
收货单位	上海××有限公司					
收货地址	上海市××区××路××号　　　　邮编：200000					
联系人	张然					
电话	××××××					

请完成该批货物的订单受理，并将货物在途运输情况于每日17:00通过电话反馈给客户。

学习单元二

项目二　运输客户纠纷处理

项目背景描述

北京乐成物流股份有限公司是一家以国内公路运输网络为基础，提供快捷、准时、安全、优质的标准化公路运输服务的物流企业。乐成物流总部位于北京，在国内主要城市和经济区域都拥有自己的综合物流配送中心和营业网点，构筑起完善的陆运物流网络服务平台。

北京乐成物流客服部门包括呼叫中心和项目客服部，呼叫中心主要为全国客户提供24h业务受理、跟踪查询、投诉处理等服务。项目客服部能为项目客户提供各种物流服务，包括各种物流业务服务，以及在这些主流业务服务的基础上，以客户服务为理念为客户提供的更多的增值服务。物流业务服务包括仓储、运输、配送、流通加工以及与其相关的物流信息服务。另外，在基本物流业务服务的基础上，还需要为客户提供更多的增值服务，主要包括相关的信息服务和关系维护管理。

北京乐成物流呼叫中心位于北京市顺义区天竺镇3号，负责全国客户的业务咨询、业务受理、跟踪查询、投诉处理、电话回访等工作。该呼叫中心的组织架构如图2-19所示。

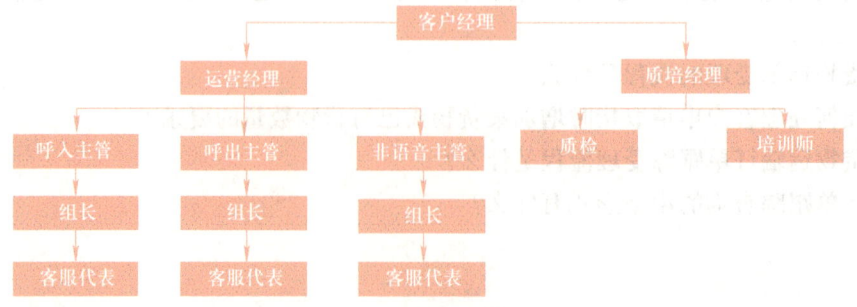

图2-19　呼叫中心组织架构

该呼叫中心设立了多个客服小组，包括业务咨询组、业务受理组、跟踪查询组和投诉处理组等。每个客服小组设客服组长1名、客服代表6名。其中，客服组长主要负责本组客服代表的管理，保证业务过程的正常完成，对业绩进行评估及实施相应的改进措施；客服代表负责业务咨询、业务受理、快件跟踪查询、客户投诉处理等具体的客户服务事务。

北京乐成物流呼叫中心客户投诉组主要受理自然人、法人和其他社会组织（以下简称"投诉人"）对本企业的物流服务的投诉。客户投诉受理范围如图2-20所示。

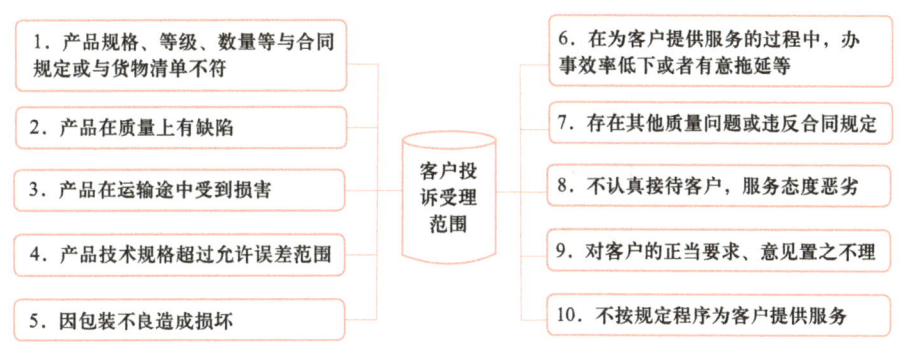

图2-20　客户投诉受理范围示意图

新员工业务储备

一般情况下，运输客户投诉处理流程如图2-21所示，具体来说，客户投诉处理包括以下步骤：

1. 接待投诉客户，记录投诉内容

客服代表在接到客户投诉时，应耐心聆听客户的陈述，了解事件的真实情况，并使用客户投诉登记表详细记录客户投诉的全部内容，如投诉人、投诉时间、投诉对象、投诉要求等。

2. 判断投诉是否成立

客户投诉分为有效投诉和无效投诉，客服人员接到投诉后要正确地加以区分，要依据客户投诉的内容判断客户投诉是有效投诉还是无效投诉。客服代表在了解客户投诉的内容后，要确定客户投诉的理由是否充分，投诉要求是否合理。如果投诉并不成立，就可以委婉的方式答复客户，以取得客户的谅解，消除误会。

3. 确定投诉处理责任部门

如果客户的投诉是有效投诉，客服代表必须迅速确定由谁来解决此问题，如果在自己的职责范围内，不要试图把责任推给其他人，如果不在自己的职责范围内，要向上级反映，确定客户投诉处理责任部门。依据客户投诉的内容，确定相关的具体受理单位和受理负责人。如果是运输问题，交储运部处理；如属质量问题，则交质量管理部处理。

4. 调查事故原因，提出解决方案

依据实际情况，参照客户的投诉要求、投诉要点，查明客户投诉的具体原因及造成客户投诉的具体责任人。接下来，依据实际情况，参照客户的投诉要求，提出解决投诉的具体方案。尽量在自己的职权范围内，第一时间为客户提供几个可供选择的解决方案，如退货、换货、维修、折价、赔偿等，并提交主管领导，等待批示。

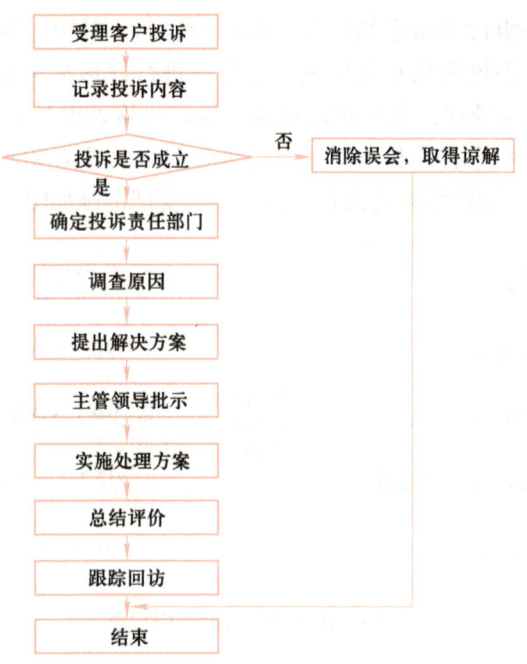

图2-21 客户投诉处理流程

5. 主管领导批示

针对客户投诉问题，主管领导应对投诉的处理方案一一过目，并及时做出批示。根据实际情况，采取一切可能的措施，尽力挽回已经出现的损失。

6. 实施处理方案

实施处理方案，并向客户通报公司的处理方案，尽快收集客户的反馈意见。对直接责任人和部门主管要根据有关规定做出处罚，依照投诉所造成的损失大小，扣罚责任人一定比例的绩效工资或资金。对不及时处理问题而造成延误的责任人也要追究相关责任。

7. 总结评价

对投诉处理过程进行总结与综合评价，吸取经验教训，并提出改善对策，使相关部门在以后的工作中采取一定的预防措施，不断完善企业的经营管理和业务运作，提高客户服务质量和服务水平，防止类似投诉的再次出现。

8. 跟踪回访

根据处理时限的要求，注意跟进投诉处理的进程，及时将处理结果告知投诉的客户并询问客户对处理结果的满意度，并且，客户投诉管理部门要定期回访该客户，收集客户的反馈信息，赢得客户的信任。

任务一　货物丢失纠纷处理

任务描述

2013年11月18日下午，乐成物流公司呼叫中心客服代表接到客户张胜海的投诉电话，具体信息见表2-3。

表2-3 货物丢失投诉信息记录表

投诉人	投诉人地址	联系方式	投诉内容	投诉要求
张胜海	上海市长宁区天山路××号	136××××××××	收件人18日收到快件，打开包装后发现里面是空的，没有之前寄出的3台豆浆机	赔偿损失

接到客户投诉后，由呼叫中心投诉处理组003号客服代表孙欣完成货物丢失纠纷处理工作。具体要求如下：

（1）调查事故原因。

（2）制订事故处理方案。

任务目标

1．掌握客户投诉处理的流程。
2．能正确填写投诉信息记录表。
3．能正确制定投诉处理方案。
4．能够与客户协调处理方案。
5．能对纠纷处理结果进行跟踪回访。
6．培养学生为客户着想的服务意识。

作业流程

货物丢失投诉主要针对运输公司服务差错进行，一般是指承运货物在运输期间发生货物短少，包括整件丢失、内物丢失而造成的客户投诉。货物丢失纠纷处理的基本流程如图2-22所示。

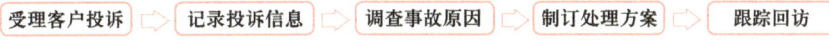

图2-22 货物纠纷处理流程

任务实施

一、受理客户投诉

客服代表接听客户的投诉电话，并根据客户的描述判断出该投诉属于货物丢失投诉。客服代表接到客户投诉后应仔细倾听客户的描述，了解客户投诉的具体内容，并对客户进行安抚。具体的投诉受理过程如下：

客服代表：您好！乐成物流003号话务员为您服务，请问有什么可以帮助您？
客　　户：我要投诉，你们把我的货弄到哪去了？
客服代表：您贵姓？请提供一下您的运单号，我帮您查一下好吗？
客　　户：我姓张，运单号是302211154723。
客服代表：张先生请您稍等……
（根据客户提供的运单号进行查询，了解货物状态及异常状况）
客服代表：张先生，您的货物确实发生了丢失，您能详细说明一下情况吗？
客　　户：我通过你们公司给我的客户发了3台豆浆机，今天我的客户打电话给我说东西是收到了，但包装里面没有豆浆机，是空的。他是我的老客户，急需这些机器，你们却把货物弄丢了，你叫我以后的生意还怎么做。你们这是什么公司啊？你们得赔偿我。
客服代表：张先生，我公司一定马上为您核对处理，并与相关人员进行核查，我公司库房有监控，物流车都是全程封闭挂签管理。请您放心，我公司一定会给您一个满意的答复。给您带来的不便，我公司深表歉意。请留下您的联系电话好吗？
客　　户：136××××××××。
客服代表：您的联系电话是136××××××××，对吗？
客　　户：是的。
客服代表：麻烦您留一下联系地址。
客　　户：上海市长宁区天山路××号。
客服代表：好的，张先生，您看还需要我们为您做些什么？
客　　户：没有了，尽快给我解决。
客服代表：好的，感谢您的来电，再见！

学习单元二

操作规范

货物丢失协调话术

1. 我找你们寄个东西，结果竟然告诉我弄丢了，你们得赔偿我。

您好，××先生/女士，您的货物确实是由于我公司操作不当而丢失了，我们会马上对您的货物做赔偿处理，赔偿金额会在×天内送到您的手上，对此造成的不便请多多原谅，如果还有什么需求请和我联系，我会尽力满足您的要求。

2. 我给朋友寄个手机，今天居然告诉我给弄丢了，我要投诉。

××先生/女士，您的货物是由于航空/铁路/零担第三方操作失误而丢失的，我们会马上为您处理，及时取得丢失证明，为您的货物做赔偿处理/走保险程序。对于这种情况的发生我们深表歉意，我们会规范我公司的服务，并希望下次为您提供更好的服务。

3. 客户寄给我的货物少了一半，是不是你们内部给偷走了？

××先生/女士，对您所反馈的货物部分丢失现象，我公司一定马上为您核对处理，并与相关人员进行核查，我公司库房有监控，物流车都是全程封闭挂签管理。请您放心，我公司一定会给您一个满意的答复。

二、记录投诉信息

客服代表根据客户的投诉进行投诉记录，具体内容见表2-4。

表2-4 货物丢失投诉登记表

投诉记录			
客户信息			
客户	张胜海	联系方式	136××××××××
联系地址	上海市长宁区天山路××号		
投诉内容			
事故类型	丢失	运单号	302211154723	投诉时间	2013年11月18日
受理单位	呼叫中心	被投诉人	乐成物流
投诉内容	收件人18日收到货物，打开包装后发现里面是空的，没有之前寄出的豆浆机	投诉要求	赔偿损失

三、调查事故原因

客服代表需要调查货物丢失的基本原因，并制订相应的解决方案。客服代表登录客户订单信息管理系统查询，发现该货物最后环节由分供方负责派送，且仅仅在货物派送环节客户拒收，其他环节均显示正常，如图2-23所示。

大客户管理信息系统						
运单号	302211154723		客户名称	张胜海	发件人姓名	张胜海
发货日期	2013/11/16		客户电话	136××××××××	
结算方式	寄付		查询时间	17:45 2013/11/18	
编号	订单号码	客户级别	收货地址	货物状态	件数	是否保价
1	302211154723	1	上海市长宁区天山路××号	2013-11-16 11:21:20 北京分公司朝阳区打包完成 2013-11-16 13:11:30 北京分公司朝阳区分拨完成 2013-11-16 15:21:08 北京分公司发运 2013-11-17 11:21:20 上海分拨中心公司已收入 2013-11-17 11:41:56 上海分拨中心公司已发出 2013-11-17 19:21:20 上海普陀区分供方已收入 2013-11-18 09:41:56 上海普陀区分供方正在派送，派送员王林电话：137×××××××× 2013-11-18 10:45:20 客户签收时发现内物缺失，拒绝签收。	1件	否

图2-23 客户订单查询结果

客服代表联系公司的安保部门，由安保部门进行调查。安保部门调查后确认该货物是到达上海普陀区分供方以后才出现的丢失。因此，责任方为上海普陀区分供方。

四、制订处理方案

客服代表根据调查的原因，开始制订货物丢失投诉解决方案。查看运单发现，该票货物没有进行保价，赔付只能按照运费的3倍即45元进行赔付。

根据以上两条，客服代表初步制订了解决方案，详见表2-5。

表2-5　货物丢失投诉解决方案

调查原因
　　运单号为302211154723的这票货物在上海长宁派送过程中，由于分供方的不合理作业导致客户的3台价值500元的豆浆机丢失，丢失货物没有进行保价。客户要求以最高赔偿赔付损失和运费

解决方案	
（1）按照合同，未保价货物只能赔偿运费的三倍，原运费为15元，最终赔偿45元	45元
（2）免除第一次的运费，3件豆浆机（2.7kg）的运费为15元	15元
（3）由上海普陀区分供方负责人跟客户解释并致歉	0元
合计费用	60元

制单人：孙欣　　　　　　　　　　主管签字：

学习单元二

同时，客服代表应及时致电客户，与客户协商赔偿的具体事宜。具体沟通过程如下：

客服代表：您好，请问您是张先生吗？我是乐成公司003号话务员。
客　　户：我是。
客服代表：占用您几分钟的宝贵时间，张先生，您之前投诉运单号为302211154723的货物丢失是吗？
客　　户：是的。
客服代表：张先生，您的货物是由于在零担运输过程中，第三方操作失误而丢失的。对于这种情况我们深表歉意，我们会马上对您的货物做赔偿处理，赔偿金额会在1天内汇至您的账户，对此造成的不便请多多原谅。
客　　户：那你们赔多少钱啊？
客服代表：因为您的货物没有保价，按照国家邮政局颁布的快递丢失赔偿办法的规定，无保价包裹类快件丢失，退还运费并按照实际损失的价值进行赔偿，但最高不超过本次服务费用的3倍（不含其他附加费用），所以赔偿45元。您的运费是15元，所以赔偿费用是60元。
客　　户：什么？我一个豆浆机就值500元，3个就是1500元，你赔60元，绝对不行。我要到×××去申诉。
客服代表：张先生，我能理解您的心情，但这个赔付额度我们是严格按照邮政总局的规定来的。
客　　户：那我也要去申诉，申诉不行我就找媒体报道这个事情。
客服代表：张先生，我去申请下，看能不能给您多点赔偿，您看行吗？
客　　户：好吧，我等着，今天我要收到答复。
客服代表：好的，感谢您的接听，再见！

小知识

通融赔付

基本定义：通融赔付是指合同约定之外的运费减免及货物损失赔偿。

赔付范畴：合同约定之外的运费打折；未上保险或不足额保险的超合同约定之外的赔偿；服务事故间接损失的赔偿。

因客户不同意赔付额度，客服代表应将此事上报组长，由组长与上级部门协商，看是否能进行通融赔付。

由于客户对上次的方案极度不满，客服组长允许进行通融赔付。征得领导同意后，客服代表决定与客户商议通融赔付的解决方案，最终征得客户同意，以货值的30%进行赔偿，具体商议过程如下：

> 客服代表：张先生，您好，关于运单号为302211154723的这票货物的赔偿问题，我已经跟领导沟通过了。
> 客　　户：你们领导怎么说？
> 客服代表：我们最高赔偿货物价值的30%，并且免除本次发运货物的运费，您看怎么样？这是我为您争取到的最高额度的赔偿了。
> 客　　户：好吧。
> 客服代表：谢谢您的支持！如果您同意，我们现在就按这个方案来实施，请告诉我您的银行账号和户主名称，赔偿和免除的费用会在明天汇至您的账户上。
> 客　　户：账号：××××××××××××××××××，户主名称：张胜海。
> 客服代表：请问豆浆机的型号是什么？我好确定货物的价值。
> 客　　户：家用型XDxxxi型。
> 客服代表：好的，我查询下。您货物的价值是单件500元，总价值1500元，我需要赔偿您货款450元，加上运费15元，一共赔付您465元，您看这样对吗？
> 客　　户：对。
> 客服代表：好的，我们会尽快将赔偿款汇至您的账户，请耐心等待。
> 客　　户：好的。
> 客服代表：感谢您的接听，再见！

与客户协商好后，客服代表按照通融赔付的方案编写通融赔付申请，如图2-24所示。

部门：北京分公司	联系人：客服代表××	电话：130××××××××

通融赔付申请

运单号为302211154723的这票货物在零担运输过程中，因第三方未按规范操作导致货物丢失，客户张胜海不同意按运费的3倍赔偿，并声称要找媒体报道此事，为维护公司形象，特申请通融赔付，最终赔付货物价值的30%，即450元，加上运费15元，共计465元。客户认可此赔偿标准，打款处理。

图2-24　通融赔付申请

客服代表把编写完毕的通融赔付申请上报给客服组长，请客服组长确认。主管确认后再按照相关赔付方案进行赔付处理。

五、跟踪回访

客户投诉处理完成后，客服代表应致电客户，对投诉处理结果进行跟踪，以确认客户是否收到赔付的款项并了解客户对处理结果是否满意。同时，客服代表总结回访记录，制作客户投诉处理意见表，详见表2-6。

表2-6 客户投诉处理意见表

客户名称	张胜海	投诉时间	2013年11月18日
投诉问题	2013年11月16日，一票运往上海的货物，货物是3件豆浆机，客户收货时发现内物丢失，拒绝签收，打电话提出要最高赔偿			
诊断分析	经过调查，发现是在派送过程中由于操作不当引起货物丢失，应由上海普陀区分供方负全部责任			
解决过程	最终赔付货物价值的30%，即450元，加上运费15元，共计465元。打款处理			
反馈跟进	已进行电话回访，客户认可赔偿结果			
整改建议	规范分供方的操作，保证货物安全			
处理人	孙欣	主管	张丽

任务二 货物延误纠纷处理

任务描述

2013年9月18日下午，北京乐成物流股份有限公司北燕项目组收到客户北京北燕有限公司李磊的电话投诉：应该9月14日下午8点送到门店的货物，直到现在还未送到，影响了公司的正常销售，要求赔偿经济损失。请你作为客服人员，对该起投诉进行处理，具体要求如下：

(1) 做好投诉记录。
(2) 完成投诉纠纷处理。
(3) 对客户进行跟踪回访。

任务目标

1. 掌握客户投诉处理的流程。
2. 能正确应用延误晚点话术。
3. 能正确填写投诉信息记录表。
4. 能正确录入投诉处理结果。
5. 能对纠纷处理结果进行跟踪回访。
6. 能认真对待、处理客户投诉，学会与客户沟通。

作业流程

货物延误是指货物的投递时间超出运输服务公司承诺的服务时限，但尚未超出彻底延误时限；彻底延误时限是指从运输服务公司承诺的服务时限到达之时算起，到顾客可以将快件视为丢失的时间间隔。货物延误纠纷处理的基本流程如图2-25所示。

受理客户投诉 ⇒ 记录投诉信息 ⇒ 处理客户投诉 ⇒ 录入处理结果 ⇒ 跟踪回访

图2-25 货物延误纠纷处理流程

 **任务实施**

一、受理客户投诉

客服代表接听客户的投诉电话时,根据客户的描述判断出客户的投诉是成立的,并判断出投诉属于货物递送延误投诉,根据信息系统的派送时限判定已延误四天,应进行快件延误赔偿。

具体的投诉受理过程如下:

> 客服代表:您好!乐成公司005号话务员为您服务,请问有什么可以帮助您?
> 客　　户:我要投诉,你们这是什么快递公司,都四天了我还没收到货呢。
> 客服代表:您贵姓?请提供一下您的运单号,我帮您查一下好吗?
> 客　　户:我姓李,运单号是301185292351。
> 客服代表:李先生请您稍等……
> 　　　　　(根据客户提供的运单号进行查询,了解货物状态及异常状况)
> 客服代表:李先生,您的货物的确发生了递送延误。
> 客　　户:可不是嘛,我的货9月14日已经到了天津,但直到今天18日,还未派送。我要你们赔偿快递延误的损失。
> 客服代表:李先生,抱歉让您久等了,您的货确实已到达天津市南开区网点。我会马上为您协调处理这件事情,并以最快的方式将您的货物送到您的手中。为您带来的不便,我公司深表歉意。我们会按公司的标准进行赔偿,请留下您的联系电话好吗?
> 客　　户:186××××××××。
> 客服代表:186××××××××,好的,我记下了。您看还需要我们为您做些什么?
> 客　　户:没有了,尽快给我解决。
> 客服代表:好的,感谢您的来电,再见!

小知识

彻底延误时限的界定

根据运输服务的类型,彻底延误时限的界定为:
同城快件为3个日历天;
国内异地快件为7个日历天;
港澳快件为7个日历天;
台湾快件为10个日历天;
国际快件为10个日历天。

操作规范

货物延误协调话术

1. 货物长时间未到

您好,这个货物确实是因为我公司的延误造成的,您放心,我会尽快安排处理,并以最快的方式将您的货物送达您的客户处。对我们的失误我们向您表示歉意，请您谅解，如果您还有别的需要，可以随时联系我们。

2. 货物多天未到

××先生/女士，您的货物由于天气原因未及时配上航班/铁路/物流，我会马上为您协调处理这件事情，并以最快的方式将您的货物送达您的客户处，您看还需要我们为您做些什么？

3. 货物延误，对方客户拒收货

由于我公司的晚点给您的客户造成了不便与误解，您看是否方便由我公司亲自和您的客户做一下解释工作？

4. 货物已到配送点，但未送达客户手中

您好，您的货物由于下雪/车辆故障/人手不足未及时送达您处，这确实属于特殊情况，请您多多谅解，我们会尽快排除困难将货物送给您，您看还有什么我能为您效劳的？

5. 货物未在约定时间送达

××先生/女士，实在不好意思，今天我们公司的派送量确实很大，我们已经多次催促派件员了，请您再多等一会好吗？我再帮您催一下，尽快给您送过去，给您带来的不便，我公司深表歉意。

6. 货物延误，要求赔偿

您好，由于我公司的晚点，给您造成的损失我们会按照公司的规定对您的运费进行处理，但您提出的额外要求我公司确实无法承担。对于我公司晚点给您带来的不便，随后我们以最真诚的书面致歉的方式传真到贵公司以表歉意，您看可以吗？

7. 货物无法按约定方式运输

您好，很抱歉，这单货确实是走不了航空，只能安排其他方式发货（告知客户货物状态），您看这样好吗？我们会随时跟踪货物情况，只要到了派送方，我们第一时间派送，一旦有问题我们及时联系您。

8. 货物不能同时到达

情况一：货已到进港方营业所，一部分已派送，另一部分还在营业所未出库。

××先生/女士，非常抱歉，因为车辆空间有限，一次装不了那么多货物，担心您着急使用，所以先期给您派送过来一部分，其余的我们也会尽快给您安排派送的。

情况二：一部分货还在出港方未出，一部分已经到达进港方。

××先生/女士，非常抱歉，因为我公司配载落货给您造成了不便，这种事情我们也是不想看到的，现在我会马上联系一下出港方帮您安排尽快将货发出，并告诉您最快什么时间送到，您看可以吗？

> **知识链接**
>
> 货物递送延误的调查处理技巧
>
> 1. 先解决问题，再调查原因，落实差错责任
>
> 解决货物递送延误问题的关键是抓紧时机，尽快将货物送达收件人，如果将宝贵的时间先用在调查原因与落实差错责任上，则使本来延误的货物招致进一步的延误。其实，无论调查的结果是物流公

司的责任还是客户的责任，解决方案都是一样的（客户要求取消运送的情况除外），都是要尽快安排递送。优先为客户安排递送，会给客户树立一种勇于承担责任、专业解决问题、高效率服务的企业形象，也有利于在后续的工作中尽快得到客户的理解与体谅。

2．对客户及物流公司内部相关部门同时展开调查

排除不可抗力的原因，造成货物延误的原因有可能来自客户方，也有可能来自物流公司内部。

（1）对客户的调查。针对客户的调查，客服代表不能用责问或盘问的语气，在事情没有调查清楚之前，不能随意推测，否则会再一次触怒客户，导致投诉的升级。客服代表应该使用"核对资料"的方式与客户沟通，如"×女士，为了尽快为您递送货物，我可以跟您核对一下收件人的资料吗？""×先生，请问您方便把运单将传真或邮件形式发给我查阅一下吗，这有助于尽快为您解决问题。"

（2）对公司内部的调查。当排除客户原因造成的货物递送延误后，客服代表要按照公司递送延误处理流程进行调查。

二、记录投诉信息

根据客户的投诉进行投诉记录，详见表2-7。

表2-7 客户投诉记录表

投诉记录				
客户信息				
客户	李磊	联系方式	186×××××××	
联系地址	天津市南开区五马路××号			
投诉内容				
事故类型	延误	运单号	301185292351	投诉时间	2013年9月18日
受理单位	呼叫中心	被投诉人	无	
投诉内容	该件14日已经到了天津，但直到18日，还未派送，收件人从未接到过快递方面的电话		投诉要求	要求派件并进行延误赔偿

三、处理客户投诉

进行物流客户投诉处理时，应按照相关的物流客户投诉的处理技巧来进行巧妙处理。首先，客服代表联系内部运作部门，核实客户反映情况并查找原因。通过查询知道该快件已到天津市南开区网点，因此客服代表应致电天津市南开区网点的负责人。网点负责人回应称该快件确实是9月14日就到了，但因人手不足导致没有派送。查明原因后客服代表应向主管报备此情况并发出事故处理指令，指令内容详见表2-8。

表2-8 投诉处理指令表

上报人	上报人所在单位	职位	员工号
刘倩	北京_四惠呼叫中心	客服代表-投诉处理组	005

9月14日，运单号为301185292351的货物已经到达乐成公司天津市分公司南开区的营业网点，并且没有录入异常情况，也没有进行及时派送。9月18日客户致电呼叫中心投诉。工号为005的客服代表受理该业务后致电天津市分公司南开区营业网点进行询问，查明事故原因是该网点人力不足，导致未及时派送。现要求天津分公司南开区营业点必须于9月18日将该货物派送到位

操作规范

货物延误处理执行标准

延误类型	处理责任人	处理标准	处理时限
取货晚点	营业网点负责人	在规定时限内取件并当场向客户致歉	1小时内
发运晚点	操作主管	落货、晚发，以最快的方式发运	1小时内回复客服具体发货时间
中转晚点	操作主管	落货、晚发，以最快的方式中转	1小时内回复客服具体中转时间
派送晚点	营业网点负责人	在客服要求合理时限内派送	操作范围内，一个工作日派送，超区可延长一个工作日
返货晚点	营业网点负责人	收到返货指令，以最快的方式操作返货	当日操作返货
返款晚点	结算人员	按照合同规定的时限返款	1小时内回复客服具体返款时间
	客服中心主任	与客户达成一致后，当日请款	1小时内回复客户具体打款时间

营业网点负责人接到指令后，执行指令内容，在要求时限内完成对事故的处理。然后，客服代表查明原因并获得网点负责人的确切答复后应致电客户提出处理意见。与客户的具体沟通过程如下：

客服代表：您好，请问您是李先生吗？我是乐成物流公司005号客服代表。
客　　户：我是。
客服代表：占用您几分钟的宝贵时间，李先生，您之前投诉运单号为3011852923351的快件延误是吗？
客　　户：是的。
客服代表：您的快件由于派送网点人手不足而未及时送达您处，这是我们工作不力给您带来的不便，我公司深表歉意。派件员会在今天下午5点前将快件送到您手中，到时请您签收一下行吗？
客　　户：好吧，延误赔偿怎么办理的？
客服代表：您签收后，请拍下运单照片给我们的派件员。我们会按延误一天减免10%的运费，最高减免40%来赔偿。
客　　户：这么少，那算了。你们按时把快件送过来。
客服代表：好的，感谢您的接听，再见！

四、录入处理结果

录入最终的投诉处理结果，详见表2-9。

表2-9 投诉处理结果登记表

投诉处理			
运单号	301185292351	分类型	快件延误
处理意见	经核实，此货物于9月14日到达进港营业厅，但由于网点人力不足，导致到18日还未及时派送。已要求天津分公司南开区营业点必须于9月18日将该快件派送到位，并向客户致歉		

五、跟踪回访

客户投诉处理完成后，客服代表应当对客户投诉处理结果进行跟踪。客服代表在公司承诺的时间致电客户，以确认客户是否收到快件并询问其对处理结果是否满意。

任务三　服务态度纠纷处理

任务描述

2013年12月29日下午，乐成物流呼叫中心客服代表接到客户刘强军的投诉电话，具体信息见表2-10。

表2-10 服务态度投诉信息

投诉人	投诉人地址	联系方式	投诉内容	投诉要求
刘强军	北京市朝阳区双桥农场××号	189××××××××	收件员收件时态度恶劣	赔礼道歉

接到客户投诉后，由呼叫中心投诉处理组007号客服代表杨慧完成服务态度纠纷处理工作。具体要求如下：

（1）填写客户投诉记录表。
（2）完成纠纷处理。

任务目标

1．掌握客户投诉处理的流程。
2．能正确使用服务态度标准话术。
3．能正确填写投诉信息记录表。
4．能正确制定投诉处理指令。
5．能对纠纷处理结果进行跟踪回访。

学习单元二

 **作业流程**

服务态度投诉主要针对服务人员服务的品质进行，往往由于服务过程没有严格遵照公司规定造成。服务态度纠纷处理的基本流程如图2-26所示。

受理客户投诉 ⇨ 记录投诉信息 ⇨ 制订处理方案 ⇨ 实施处理方案 ⇨ 跟踪回访

图2-26　服务态度纠纷处理流程

 **任务实施**

一、受理客户投诉

接听客户的投诉电话，客服代表根据客户的描述判断出该投诉属于服务态度投诉。客服代表接到客户投诉后应仔细倾听客户的描述，对客户进行安抚。在受理客户投诉的过程中，可能会遇到各种各样的客户，客服代表应当针对客户的不同特点，有针对性地进行客户投诉处理。具体的投诉受理过程如下：

客服代表：您好！乐成物流007号话务员为您服务，请问有什么可以帮助您？
客　　户：我要投诉，你们公司的人怎么这么没素质。
客服代表：先生，请您先别激动，请问您贵姓？
客　　户：我姓刘。
客服代表：先生，请您先不要生气，能告诉我具体是怎么回事吗？
客　　户：你们那个取件员来拿货的时候一脸不耐烦的样，问他什么都爱理不理的，他居然还说爱寄不寄，不寄拉倒，他要赶时间去其他地方。我说他怎么能这样，他居然还骂人。
客服代表：刘先生，真对不起，首先我代表公司向您致歉。他这样做确实不应该，能告诉我您的地址吗，我会为你核实并解决这件事情。
客　　户：北京市朝阳区双桥农场××号。
客服代表：刘先生，请留下您的联系电话，有了处理结果我会立即给您回复的。
客　　户：188××××××××。
客服代表：188××××××××，1小时后我会回复您，您看还需要我们为您做些什么？
客　　户：没有了，尽快给我解决。
客服代表：好的，感谢您的来电，再见！

操作规范

服务态度纠纷投诉沟通话术

1. 你们的快递员素质太差了，到了告诉我让我自己去拿，不拿就退回。

首先对我公司员工服务不到位的地方向您道歉，请您多多谅解，我们会让司机重新为您派送货物并送货到家，希望得到您的支持和谅解。

2. 你们公司的3027号员工的态度太差,刚才骂我并挂我电话。我要求她给我道歉。

××先生/女士,我马上为您进行查询处理,如果确定像您说的那样,我公司会满足您的要求,并责令我公司员工亲自向您道歉,对此造成的不便我在这里向您道歉,请多多包涵。

3. 我要投诉,说好给我送上门的,结果要让我跑一里地去取货。

××先生/女士您好,首先对您投诉的我公司人员服务不到位的问题向您表示歉意,如果是市区里面,我们是有义务送货上门的,如果非市区内,就得麻烦您亲自去取了,不管哪种情况,也是我们没有向您说明清楚,也需要向您表示歉意。

二、记录投诉信息

根据客户的投诉进行投诉记录,详见表2-11。

表2-11 投诉登记表

投诉记录					
客户信息					
客户	刘强军		联系方式		188××××××××
联系地址	北京市朝阳区双桥农场××号				
投诉内容					
事故类型	服务态度	运单号	无	投诉时间	2013年12月29日
受理单位	呼叫中心			被投诉人	收件员
投诉内容	收件员收件时态度恶劣			投诉要求	赔礼道歉

三、制订处理方案

客服代表根据客户提供的信息查询作业通知单,确定收件员是北京分公司双桥营业厅的收件员孙威。联系双桥营业厅负责人,由其向收件员核实客户反映的情况是否属实。双桥营业厅负责人在半小时后回复客服代表,称客户投诉情况属实。

此时客服代表应向主管报备此情况并发出事故处理指令,具体内容见表2-12。

表2-12 事故处理指令表

上报人	上报人所在单位	职位	员工号
杨慧	呼叫中心	客服代表-投诉处理组	007

12月29日客户投诉双桥营业厅收件员孙威收件时态度恶劣,经查证属实。现要求孙威于12月29日下午5点前联系客户进行道歉,取得客户的谅解

四、实施处理方案

客服代表向双桥营业厅负责人下发该事故处理指令,并要求其接到指令后,在要求时限内执行指令内容,完成对事故的处理。

同时,客服代表应及时致电客户,告知处理意见,具体沟通过程如下:

客服代表:您好,请问您是刘先生吗?我是乐成物流007号话务员。

客　　户:我是。

客服代表:占用您几分钟的宝贵时间,刘先生,您之前投诉收件员的服务态度差是吗?

客　　户:是的。

客服代表:经过与相关人员核实,发现确有其事。这是我们的过错,我公司深表歉意。

　　　　　　　收件员今天会联系您进行道歉并取货，您看这样可以吗？
客　　户：好吧，取货就不用了，我找其他快递公司了。
客服代表：好的，希望您能够接受我们的道歉，以后能够继续选择我们公司为您
　　　　　服务。
客　　户：下次再说吧。
客服代表：好的，刘先生，再见！

五、跟踪回访

客户投诉处理完成后，对客户投诉处理结果进行跟踪回访，了解客户投诉处理的最终结果。1月31日，客服代表杨慧对客户刘强军进行了跟踪回访，具体的回访过程如下：

客服代表：刘先生，下午好。我是北京乐成物流公司的客服代表，很抱歉打扰您。
　　　　　今天的主要目的是针对上次您的投诉处理情况，对您进行回访。请问您
　　　　　现在通话方便吗？
客　　户：嗯，你说。
客服代表：针对上次您的投诉，公司的处理方案您还满意吗？收件员给您道过歉了吧？
客　　户：嗯，挺好的，他给我道歉了，我很满意。
客服代表：对我们公司业务人员现在的服务态度您还满意吗？您有什么意见吗？
客　　户：现在态度比以前好太多了。整体来说，还是很满意的。
客服代表：刘先生，非常感谢您的肯定，我们一定会做得更好。
客　　户：好。
客服代表：刘先生，感谢您的配合，再见。

　　同时，客服代表将客户投诉进行总结与分析，对整个投诉处理工作进行整理，分析客户投诉的原因，将投诉原因转给相关业务部门，以便公司不断提高服务质量。

 项目评价

项目评价表

班　级		姓　名		小　组	
项目名称		运输客户纠纷处理			
考核内容	评价标准	参考分值(100)	考核得分		备注
			自评分	互评分	教师评分	
知识技能掌握情况	能够描述客户纠纷处理的基本流程	10				
	能够受理客户的各种投诉	10				
	能够完成客户投诉信息的记录	8				
	能够制订客户投诉解决方案	10				
	能够制作客户投诉处理表	8				
	能够及时记录客户投诉信息	8				
	能够进行货物丢失纠纷处理	8				
	能够完成计量或计费失误纠纷处理	8				
	能够完成服务态度纠纷处理	10				

(续)

班　级		姓　名		小　组	
项目名称		运输客户纠纷处理			
考核内容	评价标准	参考分值(100)	考核得分		备注
			自评分 / 互评分 / 教师评分		
参与活动情况	认真扮演自己的角色，配合其他角色完成任务	15			
	积极参加任务操作				
	积极参与小组讨论				
	积极回答老师提问				
情感、态度、价值观	团队合作意识、竞争意识以及沟通交流能力	5			
小计					
合计=自评分×20%+互评分×40%+教师评分×40%					

项目小结

通过学习运输纠纷处理，应该掌握以下内容：

1．货物丢失纠纷处理的基本流程：受理客户投诉→记录投诉信息→调查事故原因→制订处理方案→跟踪回访。

2．通融赔付是指合同约定之外的运费减免及货物损失赔偿。赔付范畴包括：合同约定之外的运费打折；未上保险或不足额保险的超合同约定之外的赔偿；服务事故间接损失的赔偿。

3．根据快递服务的类型，彻底延误时限应主要包括：

- 同城快件为3个日历天；
- 国内异地快件为7个日历天；
- 港澳快件为7个日历天；
- 台湾快件为10个日历天；
- 国际快件为10个日历天。

4．货物延误纠纷处理的基本流程：受理客户投诉→记录投诉信息→处理客户投诉→录入处理结果→跟踪回访。

5．服务态度纠纷处理的基本流程：受理客户投诉→记录投诉信息→制定处理方案→实施处理方案→跟踪回访。

6．投诉记录表需要记录投诉客户的信息和投诉的具体内容。客户信息包括客户姓名、联系方式和联系地址；投诉内容包括事故类型、运单号、投诉时间、受理单位、被投诉人、投诉内容和投诉要求。

项目自测练习

一、判断题

1．客户投诉登记表需要详细记录客户投诉的全部内容，如投诉人、投诉时间、投诉对象、投诉要求等。（　　）

2．客户投诉分为有效投诉和无效投诉。（　　）

3．货物丢失是指客户签收后发生货物短少，包括整件丢失、内物丢失。（　　）

4．通融赔付范畴包括：合同约定之外的运费打折；未上保险或不足额保险的超合同约定之外的赔偿；服务事故间接损失的赔偿。（　　）

5．快件彻底延误是指快件的投递时间超出快递服务组织承诺的服务时限。（　　）

6．彻底延误时限中规定同城快件为2个日历天。（　　）

7．运费=首重运费+货物重量×续重运费（　　）

8．投诉信息记录表的投诉内容需要记录事故类型、运单号、投诉时间、受理单位、被投诉人、投诉内容和投诉要求。（　　）

9．通融赔付是指合同约定之外的运费减免及货物损失赔偿。（　　）

二、简答题

1．客户投诉受理的基本内容包括哪些？
2．纠纷处理作业的基本流程是什么？
3．货物丢失纠纷处理的基本话术规范包括什么？
4．服务态度纠纷处理的基本话术规范包括什么？
5．根据快递服务的类型，彻底延误时限是怎样规定的？

三、业务训练

2013年6月9日下午，乐成物流公司呼叫中心客服组长接到客户张海的投诉电话，具体信息见表2-13。

表2-13　货物丢失及服务态度投诉

投诉人	投诉人地址	联系方式	投诉内容	投诉要求
张海	北京市海淀区西四环中路×号	135××××××××	收件人9日收到快件，打开包装后发现里面的10台笔记本电脑只剩下3台 向客服投诉时，客服代表003号态度非常恶劣	赔偿损失、当面道歉

接到客户投诉后，请你以呼叫中心客服经理的身份完成货物丢失及服务态度纠纷处理工作。

项目三　运输客户关系维护

项目背景描述

北京乐成物流股份有限公司是一家以国内公路运输网络为基础，提供快捷、准时、安全、优质的标准化公路运输服务的物流企业。北京乐成物流股份有限公司总部位于北京，在国内主要城市和经济区域都拥有自己的综合物流配送中心和营业网点，构筑起完善的陆运物流网络服务平台。

北京乐成物流股份有限公司项目客服部主要负责为北京市内各个项目客户提供相应的物流客户服务。该客服部门设有多个项目小组，每个项目小组具体负责一个项目客户的日常客户服务工作。

2012年12月9日，北京乐成物流股份有限公司与北京北燕有限公司（以下简称"北燕公司")签下了一份为期一年的运输服务合同。合同签订后，为给北燕公司提供优质的客户服务，北京乐成物流股份有限公司项目客服部专门为其成立一个新的项目小组，以解决北燕公司在全国范围内的运输、配送等业务。该项目小组包括一名客服组长，负责一线客服代表的管理，除保证业务过程的正常进行外，还须对各客服代表进行业绩评估，并具体实施相应的改进措施；该项目组设3名客服代表负责与项目客户的相关人员进行对接，提供相应服务，做好物流客户关系管理。该项目小组的基本组织架构如图2-27所示。

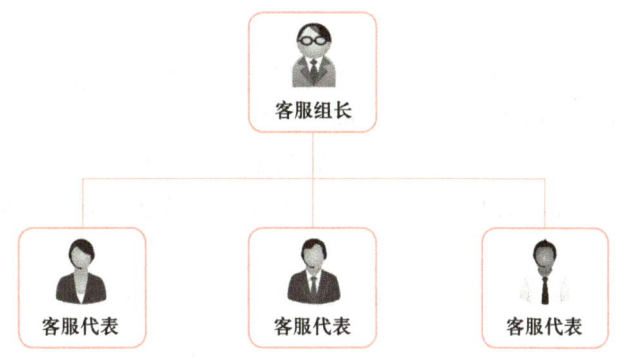

图2-27 客服小组组织结构

新员工业务储备

客户回访是客户服务的重要内容，做好客户回访是提升客户满意度的重要方法。客户回访可以帮助物流企业了解客户对服务的满意度，还可以创造客户价值。客服人员应定期或不定期地对客户进行回访，与客户建立起长期的合作关系。在进行回访之前，应先撰写物流客户回访方案。

一、物流客户回访步骤

1．查询客户资料

客服代表查询客户资料库，详细分析客户资料内容和客户服务需求。

2．明确回访范围

客服代表根据客户资料确定客户回访对象。

3．制订客户回访方案

确定回访对象后，客服专员制订客户回访方案。

4．预约回访时间和地点

客服代表与客户联系，确定具体的回访时间和回访地点，电话回访可直接选择适当时机进行。

5．准备回访资料

客服代表根据客户回访方案准备客户回访的相关资料，包括客户基本情况、客户服务的相关记录和客户消费特点、回访调查表等。

6．实施回访

准备好回访的相关资料后，即可开始实施回访。

7．整理回访记录

客服代表在客户回访结束后，及时整理《客户回访记录表》，从中提炼主要结论。

8．主管领导审阅

客服主管对客服代表的《客户回访记录表》以及《客户回访报告表》进行审查，并提出指导意见。

9．资料存档

客户服务部相关人员对《客户回访记录表》进行汇总，经过分类后予以保存，以备参考。

二、物流客户回访要求

（1）语言简洁，不占用客户太多的时间，以免引起反感；言语温和，注意语气和节奏。

（2）回访时先向客户说明事由、大约的谈话时间，让顾客清楚回访目的。

（3）回访用语的开头、结尾要统一化、简明化、礼貌化。

（4）要多听少说，多让客户说话，对客户要及时热情地回应，让客户感受到自己被认真地倾听。

（5）及时记录回访内容，反应敏捷，发现问题，及时给予解决方案，若不能即时答复，应明确告知客户回复时间。

（6）应避免在节假日及休息时间回访客户。

三、物流客户回访方案内容

客户回访方案包括以下关键点：

（1）明确回访目的。回访的目的是了解客户对所提供的服务的满意度、对公司的想法以及继续合作的可能性大小。回访的意义是维护好老客户，了解客户想什么，最需要什么，是需要公司提供更多的服务，还是在哪些方面进行改进。

（2）明确回访范围（对哪些客户进行回访）。

（3）明确定期回访时间。第一次是业务确立后5～7天，第二次是30天后，第三次是3个月后，第四次是6个月后（半年价值跟踪期）。

一般，客户在遇到问题时或希望物流企业再次提供服务时是客户回访的最佳时机。如果能掌握这些，及时联系到需要帮助的客户，提供相应的支持，将大大提升客户的满意度。

（4）确定合适的客户回访方式。客户回访的主要方式有面谈、电话、传真、信函，一般以电话回访为重点。

（5）明确客户回访主要内容。可从以下几个方面考虑回访内容：

1）客户满意度（订货周期、配送频率、及时配送率、送货完好性、订货状况信息、单据质量、配送差错率、货物残损率、信息准确率、库存周转率、存货可获性、订单完整性）。

2）听取客户对本公司服务的合理化建议及意见，以制定出客户满意度量化指标。

3）新业务推介等。

（6）确立分析处理方法。

（7）设计回访记录表。根据回访方式的不同，设计相应的调查表。

（8）预计回访费用（仅限面谈）。

四、客户电话回访要点

（1）在任何可能的情况下，以企业的统一客服号或企业固定电话号码来呼出。客户回访首先留给客户的第一印象就是信任。每位客服人员都应当意识到固定电话与手机号码的不同,陌生手机号码的信任程度是非常低的。

(2) 客户回访时应先向客户说明回访的事由及大致需要的时间,让受访客户在第一时间了解回访的目的。尤其是拨打客户的手机号码时,更应如此。比如,用"打扰您几分钟"取代"现在方便接听我们的电话吗?"。

(3) 电话回访客户时要目的明确,不要希望一次获得所有的信息。不要期望通过一次回访既推广企业形象,又收集客户反馈信息。过多的目的只会带来不成功的回访。如果确实需要在一次回访中完成2~3个目标,就需要认真考虑回访的顺序。不同的顺序有可能会带来完全不同的效果。

(4) 如果呼出客户的是手机号码,而客户又在异地漫游,则尽量不要呼出,或征求客户意见看是否方便继续通话。

对客户进行回访后,需要对回访的情况进行梳理,每次回访后应根据客户回访记录表填写客户回访报告表,对客户信息进行分析后定期撰写客户回访报告。

五、分析物流客户回访信息

客户回访过程中,完整记录了企业为客户提供服务过程中所产生的大量有价值的信息,在此基础上进一步分析、加工、整合,更好地判断客户的价值、类型和需求趋势,以便企业今后能够更好更快地为客户提供服务。对客户信息进行研究分析,可达到以下效果:

(1) 根据客户意见改进服务质量,增强客户满意度。

(2) 根据客户需求定制个性化服务。通过对客户的深入理解,把握客户的需求,企业能够做到在客户需要的时候主动为其提供服务。

(3) 根据客户需求意向创造新服务。企业管理层通过对客户信息如客户意见、客户建议、客户投诉等的管理和挖掘,预测他们未来的需求意向,进而改进服务,实现企业与客户之间的良好互动。很多企业的新服务就是源于客户的回访报告撰写要点。

通过汇总分析客户回访报告表的信息内容,撰写回访报告。回访报告应包括以下内容:①回访的时间;②回访的形式;③回访了哪些客户;④受访客户对公司的意见或建议;⑤受访客户对公司的总体评价;⑥回访人员对回访结果的评价;⑦回访人员对公司的意见或建议。

任务一 客户回访沟通

任务描述

截至2013年6月9日,乐成公司与北京北燕公司合作已满半年,为了更好地了解北燕公司对公司的物流业务是否满意,需要对北京北燕公司进行登门回访。公司客服人员接受了客服主管下达的任务指令,对北京北燕公司物流部经理进行登门回访,具体要求如下:

(1) 制订回访计划。

(2) 完成对北燕公司的登门回访工作。

任务目标

1. 掌握客户回访的流程。
2. 能正确制订客户回访计划。
3. 能正确填写客户回访记录表。
4. 能认真、细致地完成客户回访工作。

作业流程

物流客户回访的主要目的是提高物流企业的信誉和树立物流企业的形象。客户回访的基本流程如图2-28所示。

明确回访对象 ⇨ 制订回访计划 ⇨ 预约回访时间和地点 ⇨ 准备回访资料 ⇨ 实施回访 ⇨ 回访后续处理

图2-28　客户回访流程

任务实施

一、明确回访对象

进行客户回访前，首先需要明确回访对象，收集需要回访客户的基础信息，了解客户的基本情况。客服代表通过对客户资料库的查询，掌握北燕公司与公司近一个月的合作情况，同时对北燕公司的基本情况和物流服务需求也要有清楚的认识。

需要收集的客户相关资料包括联系人、电话、客户近期合作情况等，具体内容见表2-14。

表2-14　回访对象情况登记表

企业名称	北京北燕公司	所属行业	食品
地　　址	北京市朝阳区凤起路××号	邮　　编	100021
合作情况	北燕公司是世界500强企业北燕集团于2010年5月投资创办的食品类B2C电子商务网站，该网站以各种食品的在线销售为主，其业务范围覆盖全国各个省市。随着近几年的蓬勃发展，北燕公司已成为中国领先的大型食品类B2C电子商务平台，其日订单已突破500单		
联系人	张××	联系电话	010-5×××××××
职　　位	物流部经理	手　　机	1378××××××××
传　　真	010-57××××××	E-mail	ju××××× g@163.com

查询发现，当前乐成公司与北燕公司的业务联系非常紧密，其全国范围内的食品运输和配送业务的60%以上都由乐成公司完成，此次回访的主要目的是了解客户对公司的服务是否满意以及客户对企业的业务有什么建议，以便为企业提供更加优质、快捷的运输配送服务。

二、制订回访计划

根据北燕公司的基本资料和最近业务情况制订客户回访计划表，内容包括客户名称、客户级别、回访时间/地点、回访方式、回访目的等，详见表2-15。

表2-15 客户回访计划表

回访人：刘××				时间：2013年6月10日	
客户名称	客户级别	回访时间/地点	回访方式	回访目的	备注
北燕公司	A级客户	北京市朝阳区凤起路××号	上门回访	了解北燕公司对公司的物流服务是否满意，了解北燕公司对公司的业务有什么建议	

三、预约回访时间和地点

制订好回访计划后，可以采用打电话或发送电子邮件的方式进行客户回访预约，通过与客户沟通，确定回访的时间和地点。

电话接通后，客户回访人员首先应当礼貌地做自我介绍，询问客户是否愿意接受企业的拜访。若客户同意，约定具体的拜访时间和地点，同时告知客户拜访所需要的大致时间及拜访的主要内容。若客户不同意拜访，则询问缘由。对于不愿意被打扰的客户，礼貌地结束谈话；对于近期没有时间的客户，约定下次的拜访时间。

客服代表提前电话预约北京北燕公司的物流部经理张俊伟先生，具体的预约过程如下：

客服代表：您好！张经理，我是北京乐成物流股份有限公司的客服代表刘娜娜。与贵公司合作已满半年了，请问您今天是否有空？我想登门拜访一下您！
客　　户：我下午有空，你下午3点过来吧，具体地址合同里有的。
客服代表：嗯，好的，地址我已经记过了，我会准时到达。
客　　户：好的，到时候直接来我办公室就可以。
客服代表：好的，张经理，再见。

四、准备回访资料

与客户约定好拜访的时间和地点后，做好相应的客户回访准备工作。客服人员需要准备回访需要用到的材料和工具，具体见表2-16。

表2-16 材料和工具登记表

材料名称	材料的作用	备注
客户基本情况	了解企业的业务量及合作方式等	带上笔、笔记本、工作证、名片
客户服务的相关记录	该客户以前的服务要求	
客户消费特点	客户开发的潜力测评	
合同	本次合同的主要内容及服务要求	
业务运行分析表	运行过程中公司的优势和及时的处理结果	

客户基本情况包括姓名、联系方式等，同时，为了使客户更好地了解企业，还应该准备本企业的宣传画册等，如图2-29所示。

图2-29 企业宣传画册

五、实施回访

客服代表刘××整理好东西,于当日下午3点来到了北京北燕公司,准备对客户进行回访。

操作规范

> **客户回访技巧**
>
> 首先回访人员向客户表示问候,先花大约2分钟时间,与客户沟通一些共同话题,拉近距离。如对客户公司的氛围进行赞赏,对客户的工作效率进行赞赏,寻找时机发现共同点切入正题。
>
> 切入主题之后,阐述拜访目的,并复述沟通中对方希望解答的问题。然后给其合同运行报告等,让客户更多地了解公司和合同进展情况。对重点内容做一个简单的介绍,更多的是学会聆听客户的提问,把握客户想要了解的核心内容,并针对客户的问题进行一一解答。
>
> 同时,回访人员需要根据回访内容认真填写《客户回访记录表》。
>
> 最后,向客户表示感谢,使此次客户回访成为与客户增加感情的会面。

客服人员根据回访技巧和客户特点,围绕准备的回访主题,对客户展开回访工作,并对回访情况进行了认真的记录,具体内容见表2-17。

表2-17 客户回访记录表

客户名称	北燕公司	地址	北京市朝阳区凤起路××号	邮编		100021
被访人	张××	电话	010-5××××××	传真		010-57××××××
职务	物流部经理	Email	ju××××g@163.com	类别		管理人员
回访方式	□首次电话回访 □常规电话回访 ☑现场回访 □其他					
回访时间	2013年6月10日			合作时间		2011年9月2日
回访内容	☑1.业务使用情况 □2.业务问题反馈 □3.企业服务响应情况 □4.人员变动情况 □5.其他需求					
客户回访内容记录	1.业务质量评价: 整体运输服务水平不错,能够达到不错的准时率和达成率。 但是希望物流速度能够再快一点,目前有少数货物出现了外包装破损,希望在搬运的时候能够注意点,另外能否提供运输包装服务。 2.客服响应情况和评价: 客服响应比较迅速,能够很好地提供客户服务。 3.意见和建议(您认为我公司在业务、服务哪方面需要改进或者有什么要求,请提出您的宝贵意见): ①物流时间需要更快点; ②关于货品在搬运过程中的轻拿轻放问题; ③关于运输包装。 (非常感谢您的合作,如果您在使用中有什么问题,请随时和我们联系,我们将为您提供最好的服务。)					
处理方式及结果	电话或现场答复记录: 略。					
遗留问题处理跟踪	遗留问题: 无。 提交日期: 解决结果跟踪:					
客户意见	(现场回访须填写) ①物流时间需要更快点; ②关于货品在搬运过程中的轻拿轻放问题; ③关于运输包装。					
回访人员	刘××	填写日期	2013年6月10日	主管审批		日期

注:1. 此单用于回访服务时填写。
2. 此单由回访人员填写,回访结束后提交部门主管领导审批后,交公司本部门文员归档。
3. 服务人员现场回访完毕后,请客户签字盖章确认。

六、回访后续处理

在客户回访结束后,对客户回访记录表进行整理,从中提炼主要结论,撰写客户回访报告,并通过邮件及企业内部信息平台发送给客户及公司内部相关人员,以便将客户回访中达成的共识进一步落实。

主管领导对客户回访记录表以及回访结论和报告进行审查,并提出指导意见。同时,及时对回访结果提供处理意见,并按时上交客户回访记录表和处理意见给企业领导审阅。

最后,客户服务部档案管理相关人员对客户回访记录表进行汇总,并经过整理归档后予以保存,以备参考。

任务二　新业务和优惠政策推广

任务描述

乐成公司北燕项目组承担着与北京北燕公司保持良好客户关系的工作职责。该项目组熟悉企业客户服务的拜访流程、礼仪等,具有较强的沟通能力。

2013年11月15日上午9点,北燕公司项目组客服主管接到总部优惠政策通知,如图2-30所示。

北京乐成物流股份有限公司11月优惠政策通知

通知文件号:01806号

北京乐成物流股份有限公司在广大客户的支持下走过了五个春秋,在公司五周年庆典到来之际,为感恩客户,我们推出以下优惠政策:

(1) 与我公司合作3年以上的老客户,我们将在运输价格上给予9.4折的优惠,不包括保险费率。
(2) 与我公司合作2年以上的老客户,我们将在运输价格上给予9.5折的优惠,不包括保险费率。
(3) 签订两年合同的客户给予9.6折的优惠,现在合同为一年的用户如果续签一年,以后也可以享受此优惠政策。
(4) 针对运输途中包装破损的问题,我们新推出产品运输包装服务,为推广该服务,一年内实付价格按标价的9.5折计算。

感谢您一直以来的支持!我们将尽最大的努力为您提供超值优质的物流服务!

北京乐成物流股份有限公司
2013年11月15日

图2-30　北京乐成物流11月优惠政策

请该项目组在第一时间将这一业务优惠政策告知客户。具体要求如下:
(1) 找出对北燕公司有利的相关优惠政策。
(2) 完成北燕公司相关的优惠政策推广工作。

任务目标

1. 掌握新业务和优惠政策推广流程。
2. 能正确找出对客户有利的信息。
3. 能正确撰写新业务和优化政策推广邮件。

4．能使用电话向客户进行新业务和优化政策推广。
5．能认真、细致地完成新业务和优化政策推广工作。

作业流程

新业务和优化政策推广能够有助于客户了解公司的新业务和优惠政策，从而帮助客户选择最新的业务和服务内容。新业务和优惠政策推广流程如图2-31所示。

前期准备 ⇨ 电子邮件推广 ⇨ 电话推广 ⇨ 反馈客户意向

图2-31　公司新业务和优惠政策推广流程

任务实施

一、前期准备

1．熟悉优惠业务

客服人员首先熟悉新优惠业务内容，并将优惠内容进行分类。其中，优惠业务内容如下：

（1）与我公司合作3年以上的老客户，我们将在运输价格上给予9.4折的优惠，不包括保险费率。

（2）与我公司合作2年以上的老客户，我们将在运输价格上给予9.5折的优惠，不包括保险费率。

（3）签订两年合同的客户可以给予9.6折的优惠，现在合同为一年的用户如果续签一年，以后也可以享受此优惠政策。

（4）针对运输途中包装破损的问题，我们新推出产品运输包装服务，为推广该服务，现实付价格按标价的9.5折计算。

优惠内容分类整理后，其关键信息为：

（1）根据客户与公司的合作时间，为客户提供不同的运输价格优惠。

（2）新推出运输包装服务且有价格优惠。

2．优惠业务分析

客服人员对照优惠政策对北燕公司的合同进行分析，发现前两条优惠政策不适合北燕公司，因为它是公司的新客户。

针对第三条优惠政策，查看与北燕公司的合同，发现目前签订的合同是从2012年12月9日到2013年12月9日，为期一年的短合同，无法享受9.6折的优惠政策。根据"现在合同为一年的用户如果续签一年，以后也可以享受此优惠政策"，北燕公司与公司的合同刚好快要到期了，如果此时续签刚好可以享受该优惠政策。

针对第四条优惠政策，因客户回访过程中北燕公司对公司是否可以提供运输包装服务感兴趣，故将第四条作为重点推广的内容。

二、电子邮件推广

从项目客户资料中找到北京北燕有限公司的电子邮箱，根据商务信函的写作格式撰写新业务和优惠政策推广邮件，发送给该公司物流部负责人张经理。撰写完成的电子邮件如图2-32所示。

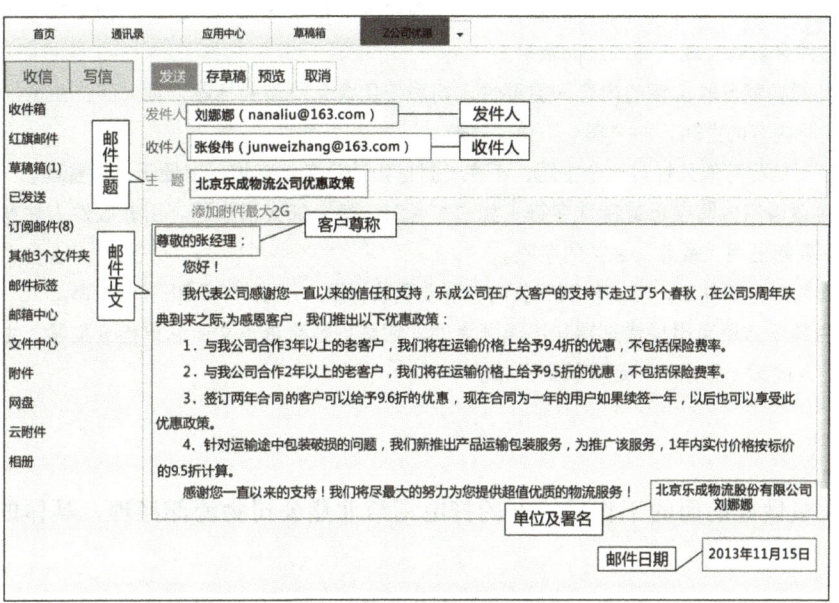

图2-32　业务推广电子邮件

知识链接

商务信函的写作格式

如同一般信函，商业信函一般由开头、正文、结尾、署名、日期5个部分组成。

1．开头

开头写收信人或收信单位的称呼。称呼单独占行、顶格书写，称呼后用冒号。

2．正文

正文是信函的主要部分，它主要叙述商业业务往来联系的实质问题，通常包括以下内容：

（1）向收信人问候。

（2）写信的事由，如何时收到对方的来信，表示谢意，答复来信中提到的问题等。

（3）该信要进行的业务联系，如询问有关事宜，回答对方提出的问题，阐明自己的想法或看法，向对方提出要求等。如果既要向对方询问，又要回答对方的询问，则先答后问，以示尊重。

（4）提出进一步联系的希望、方式和要求。

3．结尾

结尾往往用简单的一两句话，写明希望对方答复的要求，如"特此函达，即希函复。"同时写表示祝愿或致敬的话，如"此致敬礼""敬祝健康"等。祝语一般分为两行书写，"此致""敬祝"可紧随正文，也可和正文空开。"敬礼""健康"则转行顶格书写。

4．署名

署名即写信人签名，通常写在结尾后另起一行（或空一两行）的偏右下方位置。以单位名义发出的商业信函，署名时可写单位名称或单位内具体部门名称，也可同时署写信人的姓名。重要的商业信函，为郑重起见，也可加盖公章。

5．日期

写信日期一般写在署名的下一行或同一行偏右下方位置。商业信函的日期很重要，不可遗漏。

学习单元二

> **操作提示**
>
> **电子邮件编写注意事项**
>
> （1）一定不要出现空白主题，这是最失礼的。
> （2）标题要简短，不宜冗长。
> （3）最好写上"来自××公司的邮件"，以便对方一目了然又便于留存，时间可以不用注明，因为一般邮件会自动生成，写了反而累赘。
> （4）标题要能反映文章的内容和重要性，切忌使用含义不清的标题，如"王先生收"。也不要用胡乱无实际内容的主题，如"嘿！"或"收着！"
> （5）一封信尽可能只针对一个主题，不在一封信内谈及多件事情，以便于日后整理。
> （6）可适当用大写字母或特殊字符（如"*""!"等）来突出标题，引起收件人注意，但应适度，特别不要随便用"紧急"之类的字眼。
> （7）回复对方邮件时，应当根据回复内容需要更改标题，不要"RE RE"一大串。
> （8）主题千万不可出现错别字和不通顺之处，切莫只顾检查正文而忘记检查主题。主题往往决定了给收件人的第一印象，一定要慎之又慎。

三、电话推广

客服人员做好前面的工作后，开始打电话给北燕公司物流部经理，具体的沟通过程如下：

客服代表：张经理，您好！我是北京乐成物流股份有限公司的刘娜娜。能耽误您5分钟时间吗？

客　　户：您好，我记得你！你说！

客服代表：今天早上9点多我给您发了一封电子邮件，不知道您有没有看过？

客　　户：没有，还没看。

客服代表：张经理，主要是想跟您介绍一下我们新推出的几项优惠政策，我觉得比较适合贵公司。

客　　户：大概都有什么？

客服代表：主要有四项优惠政策，通过比较，我认为第三条和第四条可以给贵公司节约成本、提高物流效率。第三条和第四条的内容有：签订两年合同的客户可以给予9.6折的优惠，现在合同为一年的用户如果续签一年，以后也可以享受此优惠政策。针对运输途中包装破损的问题，我们新推出了产品运输包装服务，为推广该服务，现实付价格按标价的9.5折计算。具体内容可以参阅电子邮件。

客　　户：好的，我先去看看吧。

客服代表：我下次再打电话跟您确认具体需求。请问您什么时候比较方便？

客　　户：两天后吧。

客服代表：好的，如果有需要可以随时联系我们！感谢您的接听！

客　　户：好的，再见！

客服代表：张经理，再见！

操作规范

电话沟通礼仪

（1）听到电话铃响后，应准确、迅速地拿起听筒，最好在三声之内接听。电话铃声响一声大约3秒，若长时间无人接电话，或让对方久等是很不礼貌的，对方等待时会十分急躁，会使你的单位给客户留下不好的印象。即便电话离自己很远，附近没有其他人，听到电话铃声后，也应用最快的速度拿起电话，这样的习惯是每个工作人员都应该养成的。如果电话铃响了五声才接听，应该先向对方道歉。

（2）拿起电话应先自报家门，如"您好，这里是××公司××部"。语调要彬彬有礼，使客户能够很快感受到你训练有素的职业水准。接下来应当确认对方身份，了解对方来电的目的，如自己无法处理，也应认真记录下来，委婉地探求对方的来电目的，就可不误事而且赢得对方的好感。

（3）对对方提出的问题应耐心倾听；表达意见时，应让对方适度地畅所欲言，除非不得已，否则不要插嘴。期间可以通过提问来探究对方的需求与问题。注重倾听与理解、抱有同理心、建立亲和力是有效电话沟通的关键。

（4）能够巧妙地回答客户的咨询和不礼貌的质问。当接到责难或批评性的电话时，要保持礼貌与职业用语，委婉解说，并向其表示歉意或谢意，不得与客户争辩和顶撞，要体现出良好的素质和修养。

（5）当不能很好地回答客户的疑问时，可请同事、主管帮忙，也可将客户的疑问或需求记录下来，确定答案后致电对方予以解答。

（6）当客户来电找某位同事时，有责任代为转接，但不能大声呼喊"××，你的电话！"如果要找的人正忙着，不能马上接听电话，应该告诉来电客户："请您稍等一下！"如果要找的人暂时不在工位上，不能挂掉电话，而应当耐心礼貌地询问来电者的姓名和电话号码以及是否需要转告，并在征得对方同意后详细记录下来。切记不能用很生硬的口气说"他不在""打错了""没这人""不知道"等。

（7）接电话时，对方谈话的重要部分可做简单的重复，另外，在电话旁放一个电话记录本，重要的内容应简明扼要地记录下来，如时间、地点、联系事宜、须解决的问题等。

（8）电话交谈完毕时，应尽量让对方结束对话，若确须自己来结束通话，应解释、致歉。通话完毕后，应等对方放下话筒后，再轻轻地放下电话，以示尊重。

四、反馈客户意向

两天后，客服代表再次跟张经理电话确认需求，具体的沟通过程如下：

客服代表：张经理，您好！我是北京乐成物流股份有限公司的刘娜娜。两天前给您打过电话的。

客　　户：您好，我看过邮件了，优惠政策挺不错的。

客服代表：张经理，与贵公司的合同刚好快要到期了，如果此时续签刚好可以享受该优惠政策。另外，上次拜访您的时候，记得您就提过运输包装服务的相关要求。这两项优惠政策很适合贵公司目前的情况。

客　　户：是的，我正在考虑什么时候过去与你们续签合同呢。另外，那个运输包装服务的具体内容，我还想详细了解一下。

客服代表：张经理，这样吧，您看您什么时候方便，我上门拜访，给您详细介绍吧。

客　　户：好的，那下周一你过来吧。

客服代表：好的，没有问题。如果有需要可以随时联系我们！感谢您的接听！

客　　户：好的，再见！

客服代表：张经理，再见！

通过与客户沟通了解到客户决定续签合同，并且希望详细了解运输包装服务，将该结果反馈给项目客服经理。

任务三　客户档案维护

任务描述

2013年12月6日，乐成公司北燕项目组客服组长在整理资料时，发现与北燕公司的合同即将到期，需要准备续签，需对客户档案进行维护更新。由于一年内北燕公司的规模和业务量等都在不断变化，因此客服组长要求项目组人员对北燕公司的档案进行维护。具体要求如下：

（1）对北燕公司的基本资料、数据资料等进行详细调查，并对其业务数据进行统计分析。

（2）对资料进行整理归档，做好客户档案维护工作。

任务目标

1．掌握客户档案维护与管理的基本内容。
2．掌握客户档案维护的基本流程。
3．能够准确收集客户信息。
4．能够对客户档案进行分类管理。
5．能够正确完成客户档案维护。

作业流程

客户档案维护是客户档案管理的核心内容，而做好客户档案管理、建立完善的客户档案管理规程，对于提高客户服务水平、扩大市场占有率、与客户建立长期稳定的业务联系，具有重要的意义。具体的客户档案维护流程如图2-33所示。

客户资料收集 ⇨ 整理客户资料 ⇨ 客户档案更新 ⇨ 审查档案资料 ⇨ 档案重新归档

图2-33　客户档案维护流程

 **任务实施**

一、客户资料收集

首先,客服人员明确此次档案维护的基本对象是北燕公司,客户档案维护的基本内容是对现有的客户档案进行更新,同时,将北燕公司近一年来的业务数据进行统计,完善客户档案数据。因此,客服人员需要收集北燕公司最新的信息。

1. 准备好客户档案卡

客服人员找到客户北燕公司的客户档案卡,客户档案卡包括客户资料卡和客户管理卡,见表2-18和表2-19。

表2-18 客户资料卡

客户名称	北燕公司
客户地址	北京市朝阳区凤起路××号
负责人	李××
主要经营项目	食品网络销售
主要联络人	张××
建卡日期	2012年12月9日

表2-19 客户管理卡

客户名称	北燕公司		董事长	总经理	直接主管	承办人
			张×	李××	张××	赵××
客户地址	北京市朝阳区凤起路××号					
主营业务	网络销售		销售合同	☑已签订 □正在签订 □尚未签订		
总部地址	北京市朝阳区		电话	010-57××××××		
分公司			电话			
法人代表	张×	注册时间	2010年5月9日	出生年月	1965年7月2日	
业务银行	工商银行	注册资金	500万元	成立时间	2010年5月10日	
资金状况	☑充足 □一般 □不足 □紧张			信用状况	☑佳 □一般 □差 □很差	
在同行中的地位	☑领先 □居中 □末流		员工人数	男/人 17	女/人 15	合计/人 32
月均销售量	600件左右		库存量			
不动产	土地			建筑物		
	—	面积/m²	自有/m²	租赁/m²	面积/m²	层数/层	自有/层	租赁/层
	总部	15000	12000	3000	8000	23	20	3
	分公司							
近半年平均每月业绩							
销售额	成本/元	管理费用/元	销售费用/元	营业利润/元	利息支付/元	折旧/元	损益额/元	盈利率(%)

2. 进行客户信息调查

客服人员致电客户,向客户询问相关信息,主要包括:

(1)客户基本数据,主要是对客户企业和客户个人做出的全面的描述性数据。客户企业的数据一般包含但不限于:名称、地址、行业、来源、类型、规模、银行资料等信息;

客户个人的数据一般包含但不限于：姓名、性别、联系方式、生日、职位、爱好等信息。

（2）客户交易数据，主要是指客户与企业发生业务往来的相关信息，如订单、发货、回款等。

（3）客户联系过程的记录数据，包括交易前、交易中和交易后与客户联系过程产生的一切数据。

（4）各类统计分析数据，对数据的统计分析结果以及报表等。

具体的询问过程如下：

> 客服代表：您好，请问是张经理吗？
> 客　　户：是的。
> 客服代表：张经理您好，我是北京乐成物流股份有限公司的张明。请问您现在方便接电话吗？
> 客　　户：哦，原来是乐成物流的，方便。
> 客服代表：是这样的，最近我公司核对了一下贵公司的档案信息，发现贵公司在我公司的档案已经一年没有更新了，我想请您配合我们更新一下贵公司的信息，您看现在可以吗？
> 客　　户：好的，没问题。
> 客服代表：嗯，好的，那我们开始吧。
> 客　　户：好的
> ……

二、整理客户资料

1．整理客户资料

客服人员将新调查的客户资料进行整理，资料包括北燕公司的资料卡、北燕公司与乐成物流客服项目组签订的新的合同及合同复印件，北燕公司与客服项目组新的交易记录、谈判记录等。

> **知识链接**
>
> **客户档案资料内容**
>
> 客户档案资料除了包含《客户信息表》的内容，还应包括以下内容。
>
> （1）基本资料，包括①交易过程中的合同、谈判记录、可行性研究报告和报审及批准文件；②法人营业执照的副本复印件；③开发票的资料；④税务登记证。
>
> （2）其他资料，包括①订单，一般是分客户按订单号归档；②其他特发事件的电传、信函、邮件等书面材料；③客户付款记录。

操作规范

客户资料归档

准备归档的文件资料必须完整、真实、准确，请示和批复、印本和底稿、正文和附件必须立在一起。准备好移交档案要填写的移交清单，移交清单一式两份，双方签字后各执一份。

必须保证客户资料不会泄露，对客户档案进行保密。

2. 查找客户变化信息

客服人员将客户原始档案材料取出，对比客户资料，将客户变化的信息记录下来。通过对比发现，由于北燕公司不断地发展，其资金数量与公司规模也在不断扩大，销售额等都有所上升，具体变化见表2-20。

表2-20　客户数据变化情况统计表

	一　年　前	现　在
员工数量	32人（男17人，女15人）	85人（男45人，女40人）
月销售量	600件左右	1800件左右
土地面积	15000m^2（自有12000m^2，租赁3000m^2）	20000m^2（自有15000m^2，租赁5000m^2）
建筑面积	8000m^2，23层（20层自有，3层租赁）	12000m^2，23层全为自有
其　他	1. 乐成物流与北燕公司之间增加了一些新的交易合同。 2. 客服项目组与北燕公司的交易记录、谈判记录和回访记录有所增加。 3. 对北燕公司满意度方面的调查记录有所增加。 4. 对北燕公司各项数据统计的报表需要更新。	

三、客户档案更新

1. 基本信息更新

基本信息更新主要是对客户档案卡里的资料进行更新。张明将客户的文本档案与新加的资料进行对比，由于客户管理卡上的员工人数、月均销售数量、不动产等信息有所变化，所以要建立新的客户管理卡更新现有数据。新建的客户管理卡见表2-21。

表2-21　客户管理卡

客户名称	北燕公司		董事长	总经理	直接主管	承办人
			张×	李××	张××	赵××
客户地址	北京市朝阳区凤起路××号					
主营业务	网络销售		销售合同	☑已签订　□正在签订　□尚未签订		
总部地址	北京市朝阳区		电话	010-57××××××		
分公司			电话			
法人代表	张×	注册时间	2010年5月9日	出生年月	1965年7月2日	
业务银行	工商银行	注册资金	500万元	成立时间	2010年5月10日	
资金状况	☑充足　□一般　□不足　□紧张			信用状况	☑佳　□一般　□差　□很差	
在同行中的地位	☑领先　□居中　□末流		员工人数	男/人	女/人	合计/人
				45	40	85
月均销售量	1800件左右		库存量			

不动产		土地			建筑物			
	—	面积/m^2	自有/m^2	租赁/m^2	面积/m^2	层数/层	自有/层	租赁/层
	总部	20000	15000	5000	12000	23	23	0
	分公司							

近半年平均每月业绩								
销售额/元	成本/元	管理费用/元	销售费用/元	营业利润/元	利息支付/元	折旧/元	损益额/元	盈利率(%)

— 105 —

操作规范

档案整理相关规定

（1）各种发行档案资料须盖有"档案发行章"才能生效，严禁私自对各种发行的档案进行复印。

1）所有的档案资料须盖有"受付"章——红色。

2）发行的档案资料须盖有"发行"章——蓝色。

3）对于过期或失效的档案应改有"作废"章——蓝色。

4）档案的"受付""发行""作废"应做相关的履历。

（2）保证档案文件字体清晰。

（3）档案文本要用标准A4纸打印。

2．业务信息更新

业务信息更新主要是对公司与客户的交易记录、谈判记录、满意度调查、投诉管理等的更新。客服人员将北燕公司与客服项目组一年内签订的新合同、新的交易记录、一年内对北燕公司的满意度调查情况、回访情况、投诉情况、统计报表以及新的谈判记录等整理并打印出来，按照相关要求做成档案文件。

四、审核档案资料

客户档案（见图2-34）更新后还需要对档案的内容进行审核，审核档案资料是否完整、规范。对内容不全的，应及时补齐资料。

进行客户档案审核时，需要注意以下几点：

（1）档案信息必须全面详细。客户档案所反映的客户信息，是对该客户确定一对一的具体销售政策的重要依据。因此，档案除了应包括客户名称、地址、联系人、电话等最基本的信息，还应包括客户公司的经营特色、行业地位和影响力、分销能力、资金实力、商业信誉、与本公司的合作意向等更为深层次的因素。

图2-34　客户档案

（2）档案内容必须真实。这就要求业务人员的调查工作必须深入实际，那些为了应付检查而胡编乱造客户档案的做法是不可取的。

（3）对已建立的档案要进行动态管理。

五、档案重新存档

客服人员将所有完善好的客户信息进行整理，检查客户信息是否有纰漏、是否全面。将更新好的档案资料和过期的档案资料上交项目客服主管。客服主管审查资料的真实性、完整性，确认无误后在档案上签字。

接下来，客服人员将该客户档案按照公司的分类管理要求进行分类存档。北京乐成物流股份有限公司将客户档案资料按照交易历史进行分类管理。北燕公司与乐成物流合作时间刚满一年，还属于新客户类别。因此，客服人员应该将该客户档案资料归档于新客户档案资料柜内。

> **小知识**
>
> **根据交易历史进行客户档案管理分类**
>
> （1）老客户，关系稳定的长期客户，与企业关系良好，定期重复购买企业的产品。
> （2）新客户，开始购买和使用本企业产品的时间不长，是否能赢得他们的重复购买还是未知数。
> （3）问题客户，双方关系不太融洽，交易中发生摩擦，或对方提出修正再购买的条件苛刻，具有转向其他供应商的潜在危险。
> （4）过去的客户，曾经有过交易业务的客户，但已经停止交易。
> （5）潜在客户，正在开发中的客户，还没有正式开展业务。
> 显然，第一类客户档案管理资料比较完整；第二类客户的档案则刚刚建立，有待完善。而第五类客户则是资料分析的重点，应尽量争取使他们成为现实客户。

项目评价

项目评价表

班级		姓名		小组		
项目名称		运输客户关系维护				
考核内容	评价标准	参考分值(100)	考核得分			备注
			自评分	互评分	教师评分	
知识技能掌握情况	能够描述客户回访的基本流程	8				
	能够制订客户回访计划	8				
	能够进行客户回访操作	8				
	能够进行客户回访后的后续处理	8				
	能够描述新业务和优化政策推广的基本流程	8				
	能够正确编写电子邮件进行业务推广	8				
	能够选择合适的新业务和优化政策向客户推广	8				
	能够描述客户档案维护的基本内容	8				
	能够描述客户档案维护的基本流程	8				
	能够完成客户档案维护	8				
参与活动情况	认真扮演自己的角色，配合其他角色完成任务	15				
	积极参加任务操作					
	积极参与小组讨论					
	积极回答老师提问					
情感、态度、价值观	团队合作意识、竞争意识以及沟通交流能力	5				
	小计					
	合计=自评分×20%+互评分×40%+教师评分×40%					

学习单元二

项目小结

通过学习运输客户服务管理，应该掌握以下内容：

1．回访的基本流程：明确回访对象→制订回访计划→预约回访时间和地点→准备回访资料→实施回访→回访后续处理。

2．客户回访计划包括客户的名称、合作级别、回访时间、回访地点、回访人、回访内容、回访方式、回访目的等内容。

3．新业务和优惠政策推广流程：前期准备→电子邮件推广→电话推广→反馈客户意向。

4．电子邮件的基本内容包括发件人、收件人、邮件主题、邮件正文、单位及署名、邮件日期。

5．客户档案维护流程：客户资料收集→整理客户资料→客户档案更新→审查档案资料→档案重新归档。

6．客户信息调查内容包括：

（1）客户基本数据，主要是对客户企业和客户个人做出的全面的描述性数据。客户企业的数据一般包含但不限于：名称、地址、行业、来源、类型、规模、银行资料等信息；客户个人的数据一般包含但不限于：姓名、性别、联系方式、生日、职位、爱好等信息。

（2）客户交易数据，主要是指客户与企业发生业务往来的相关信息，如订单、发货、回款等。

（3）客户联系过程的记录数据，包括交易前、交易中和交易后与客户联系过程产生的一切数据。

（4）各类统计分析数据，对数据的统计分析结果以及报表等。

项目自测练习

一、判断题

1．客户回访时需要准备的相关资料，包括客户基本情况、企业的宣传画册以及客户的消费特点等。　　　　　　　　　　　　　　　　　　　　　　　　（　　）

2．客户回访时，应当直接切入正题。　　　　　　　　　　　　　　（　　）

3．客户回访计划包括客户的名称、合作级别、回访时间、回访地点、回访人、回访内容、回访方式、回访目的等内容。　　　　　　　　　　　　　　　（　　）

4．客户回访过程中，需要准确填写客户回访记录表。　　　　　　　（　　）

5．商业信函一般由开头、正文、结尾、署名、日期五个部分组成。　（　　）

6．编写电子邮件时，标题要将编写邮件的目的叙述清楚，字数多少无所谓。（　　）

7．客户基本数据主要是对客户企业和客户个人做出的全面的描述性数据。（　　）

8．准备归档的文件资料必须完整、真实、准确，请示和批复、印本和底稿、正文和附件必须分开保存。　　　　　　　　　　　　　　　　　　　　　　（　　）

9．对已建立的档案不允许变动。　　　　　　　　　　　　　　　　（　　）

二、简答题

1. 客户回访的基本流程是什么？如何制订客户回访计划？
2. 如何填写客户回访记录表？
3. 商务信函撰写有哪些写作格式要求？
4. 电话沟通的基本礼仪有哪些？
5. 审核客户档案时，需要注意哪些内容？

三、业务训练

2013年12月9日，乐成公司北燕项目组与北燕公司的合同即将到期，且近期先后出现了两起业务纠纷，为了使合同续签工作顺利进行，请你以公司客服人员的身份对北燕公司物流部经理进行登门回访沟通，了解北燕公司对企业的物流业务是否满意以及对企业业务的建议。同时对北燕公司的基本资料、数据资料等进行详细调查，并对其业务数据进行统计分析、整理归档，以便今后给客户提供更好的服务。

UNIT 3

国际货代客户服务

学习单元三

单元描述

国际货代行业是指接受进出口货物收货人、发货人和其他委托方或其代理人的委托，以委托人的名义或者以自己的名义，组织、办理国际货物运输及相关业务，提供国际货物流通领域的物流增值服务的行业。国际货运代理从最初的收发货人代理发展到运输合同当事人，再到当今的第三方物流供应商及至供应链服务商，其业务范围相当广泛，不仅包括传统进出口货物的揽货、订舱、托运、仓储、包装、监装/卸、中转、分拨以及办理报关报检、货物保险等与国际运输相关的一系列服务活动，还包括国际多式联运、会展与私人物品运输、国际快递、第三方物流等新兴业务。国际货代已基本成为世界各国尤其是外向型经济发达国家和地区服务贸易的重要组成部分。

国际货代客户服务是国际货运代理企业提供的增值服务的一部分，它是指为满足客户需求和管理客户群所提供的各种服务，它的服务内容和范围很广，主要包括回答客户咨询、管理维护客户关系、处理客户投诉、调查客户需求、国际货代服务质量管理等。在竞争激烈的国际货运市场上，具有完善服务的国际货代企业往往能成为行业的领先者。做好国际货代客户服务，可以有效地建立、维护客户关系，进而促进企业发展，增强企业实力。

单元学习目标

1. 具备海运、空运进出口订单业务受理的能力。
2. 能够快速识读海运、空运的相关单据。
3. 具有解决客户投诉的能力。
4. 能正确填写客户投诉处理记录表。
5. 具有客户关系维护的能力。
6. 熟练使用相关信息技术（包括Word和Excel办公软件的使用）。
7. 具有良好的语言表达能力、沟通能力和协作能力。
8. 爱岗敬业，具有高度的责任心和认真细致的工作态度。

单元学习内容

项目一　海运、空运进出口订单受理

项目二　国际货代客户纠纷处理

项目三　国际货代客户关系维护

项目一　海运、空运进出口订单受理

项目背景描述

天津永诚国际物流有限公司是经国家批准正式注册的一级国际货运代理企业。总部设于天津,公司在全国各大港口以及其他中心城市搭建了完善的物流服务平台,并同全球160多个国家和地区建立了代理网络。公司主要经营海运、空运、陆运的进出口报关报检以及费用结算等业务。其具体业务内容如下:

(1) 进出口货物报关、转关。
(2) 进出口货物报检、换证、出证等业务。
(3) 代理客户办理过境及国际多式联运业务。
(4) 代理客户办理大件货物的国内外公路运输及国外铁路运输业务。
(5) 代理客户办理各类工程机械车辆的国内外运输、过境转关、保险、押运及清关等相关业务。
(6) 代理客户办理接货、仓储、装卸货物等业务。

公司与国内以及亚洲和欧美等国家和地区的知名海运公司均建立了良好的业务关系。在船期、舱位、价格等方面都提供了较多的选择及优惠,以满足广大客户的需求。公司拥有自己的码头、物流基地、2万m²的仓库(其中包括800m²的恒温冷藏仓库)、自己的运输车队(30多辆车)以及装卸队,服务全面,高效快捷。

天津永诚国际物流有限公司客服部主要负责为天津及北京市内客户提供相应的物流客户业务服务。该客服部门有多名工作人员负责客户的日常业务。

北京杰诚商贸有限公司是天津永诚国际物流有限公司的长期客户,与北美地区的多家企业保持着业务往来。

为给北京杰诚商贸有限公司提供更好的物流服务,天津永诚国际物流有限公司客服部派出客服代表李×和张×负责北京杰诚商贸在全球范围内的海运、空运等国际货运业务。李×主要负责海运的客服工作,张×主要负责空运的客服工作。公司的组织架构如图3-1所示。

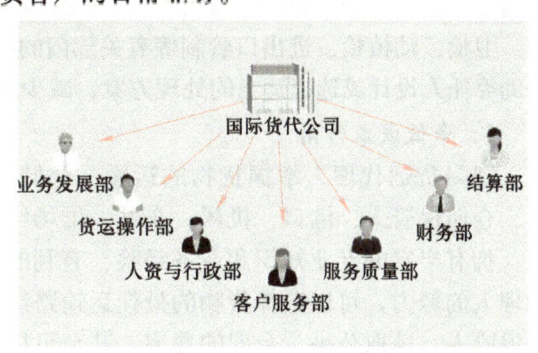

图3-1　永诚国际物流公司组织架构

新员工业务储备

一、国际货运代理企业的作用

国际货运代理企业通晓国际贸易环节,精通各种运输业务,熟悉有关法律、法规,业务关系广泛,信息来源准确、及时,与各种承运人、仓储经营人、保险人和港口、机场、车站、堆场、银行等相关企业以及海关、商检、卫检、动植检、进出口管制等有关部门存在着密切的业务关系,无论对于进出口货物的收、发货人,还是对于承运人和港口、机场、车站、仓库经营人都有重要的桥梁和纽带作用。对于托运人而言,国际货运代理企业可以发挥以下作用:

学习单元三

1. 组织协调作用

国际货运代理人历来被称为"运输的设计师"、"门到门"运输的组织者和协调者。凭借其拥有的运输知识及其他相关知识，组织运输活动，设计运输路线，选择运输方式和承运人（或货主），协调货主、承运人及其与仓储保管人、保险人、银行、港口、机场、车站、堆场经营人和海关、商检、卫检、动植检、进出口管制等的关系，可以为托运人节省时间，减少许多不必要的麻烦，使托运人能专心致力于主营业务。

2. 专业服务作用

国际货运代理人的本职工作是利用自身专业知识和经验，为委托人提供货物的承揽、交运、拼装、集运、接卸、交付服务，接受委托人的委托，办理货物的保险、海关、商检、卫检、动植检、进出口管制等手续，有时还要代理委托人支付、收取运费，垫付税金和政府规费。国际货运代理人通过向委托人提供各种专业服务，可以使委托人不必在自己不够熟悉的业务领域花费更多的心思和精力，使不便或难以依靠自己力量办理的事宜得到恰当、有效的处理，有助于提高委托人的工作效率。

3. 沟通控制作用

国际货运代理人拥有广泛的业务关系，发达的服务网络，先进的信息技术手段，可以使货物运输关系人之间、货物运输关系人与其他有关企业和部门之间随时保持有效的沟通，对货物运输的全过程进行准确跟踪和控制，保证货物安全、及时运抵目的地，顺利办理相关手续，准确送达收货人，并应委托人的要求提供全过程的信息服务及其他相关服务。

4. 咨询顾问作用

国际货运代理人通晓国际贸易环节，精通各种运输业务，熟悉有关法律、法规，了解世界各地的有关情况，信息来源准确、及时，可以就货物的包装、储存、装卸和保管，货物的运输方式、运输路线和运输费用，货物的保险、进出口单证和价款的结算，领事、海关、商检、卫检、动植检、进出口管制等有关部门的要求等向委托人提出明确、具体的咨询意见，协助委托人设计或选择适当的处理方案，减少或避免不必要的风险、周折和浪费。

5. 降低成本作用

国际货运代理人掌握货物的运输、仓储、装卸、保险市场行情，与货物的运输关系人、仓储保管人、港口、机场、车站、堆场经营人和保险人有着长期、密切的友好合作关系，拥有丰富的专业知识和业务经验，有利的谈判地位和娴熟的谈判技巧，通过国际货运代理人的努力，可以选择货物的最佳运输路线、运输方式，最佳仓储保管人、装卸作业人和保险人，争取公平、合理的费率，甚至可以通过集运效应使所有相关各方受益，从而降低货物运输关系人的业务成本，提高其主营业务效益。

6. 资金融通作用

国际货运代理人与货物的运输关系人、仓储保管人、装卸作业人及银行、海关当局等相互了解，关系密切，长期合作，彼此信任，国际货运代理人可以代替收、发货人支付有关费用、税金，提前与承运人、仓储保管人、装卸作业人结算有关费用，凭借自己的实力和信誉向承运人、仓储保管人、装卸作业人及银行、海关部门提供费用、税金担保或风险担保，可以帮助委托人融通资金，减少资金占压，提高资金利用效率。

二、应对客户询价技巧

询价一般包括海运询价和陆运询价两个部分。

1．海运询价（美元费用）

1）须掌握发货港至各大洲、各大航线常用的及货主常须服务的港口、价格。

2）须掌握主要船公司的船期信息。

3）需要时应向询价货主问明一些类别信息，如货名、危险级别等。（水路危险货物运输规则）

2．陆运询价（人民币费用）

1）须掌握各大主要城市公里数和拖箱价格。

2）须掌握各港区的装箱价格。

3）须掌握报关费、商检、动植检收费标准。

分项报价对各个环节如海运、驳船、拖车、报关、报检、仓储、保险等分别计费，全包价中分整箱价和散货价。按公司价格管理层次分为底价（或称成本价）、对外标准报价、合同客户报价。报价内容包括运杂费、船期、运价走势等，不同的客户报价方式不同，价格也会不同，报价必须慎重，同时需要灵活发挥，看情况报价，注意客户的出价并存档。

客服人员在接受询价时，需要客户提供以下信息和资料：起运港，目的港，货物的件数、重量、体积、尺寸、品名，是否需要安排报关和提货入仓，运费是到付还是预付，货物备好时间。

在客户询价时，不能简单笼统地报价。首先要衡量各个船公司在某一个航线的运价优势，是直达还是中转。其次，问客户的产品是低价值还是高价值的，这个往往很容易被忽视。根据以上信息综合考虑，帮助客户选择比较好的船公司。比如服装，不能报MSC价格，可以报COSCO/HJ/CMA这些船公司。如果是五金，可以报MSC，因为五金多数是跑量的，外贸的利润比较少。所以做报价单时，信息要全面。

衡量一个船公司的优势的因素比较多，一般价格是首要的，其次可以考虑船的好坏，是否直达，是否可以接特种柜（开顶，框架等），是否中转，甩货频率高低，船期是否准确，能否倒签申请目的港免滞箱费等，还有船公司所属国家与港口所属国家的关系等因素。

比如地中海航运，在欧洲、地中海、非洲的航线都比较有优势。运价较低，在每条航线上的运价都很有竞争力，但是船期不稳，不适合对船期要求较高的客户。还有马士基海运，公司号称"全球没有马士基不能去的地方"可见其航线之全面，它的优势航线是非洲航线及较偏的内陆点。但是运价高，指定货是全球最多的，运价也是完全按照发货人来定的。

东方海外主要经营欧洲和美国航线，其中欧洲部分内陆点较有优势。美国航线大多数是货主约价。中远集运除非洲航线外的其他航线都有，其中，欧洲、美国航线相对较实惠，地中海航线是优势航线，可以提供特种箱服务。

任务一　海运出口订单受理

任务描述

2013年9月18日，天津永诚国际物流有限公司（Tianjin Yongcheng International Logistics Co., Ltd.）客服部的李×收到销售部的业务指示，公司的老客户北京杰诚商贸有限公司（Beijing Jiecheng Trading Co., Ltd.）与美国KA PICK公司签订了进出口商品合同，即将出口一批硫化橡胶线棒到美国西雅图。随后客户发来货物托运书，请客服部李×负责办理货物出口接单相关事宜，以便办理货物出口手续。具体要求如下：
（1）审核出口委托书。
（2）完成海运出口报关相关资料的审核与报关单草表的填写。

任务目标

1．掌握海运出口订单受理流程。
2．能正确审核货物出口委托书。
3．能认真、细致地完成海运出口相关单据信息的审核。
4．体会客服工作人员严谨负责的工作态度，能将完整、准确的配套单据转交给业务操作人员。

作业流程

海运出口订单受理是货代企业办理海运出口的工作起点，是订舱等后续工作能否顺利进行的重要环节。海运出口订单受理作业流程一般为：根据客户提供的货物信息和要求进行询价与报价→报价经客户确认后，接受客户委托并通知货主按规定时间、地点将货物送至堆场（或委托代理公司调箱上门提货送至堆场）→接收审核单据（发票、装箱单、买卖合同等基本文件，特殊货物还须提供相应的其他文件）→准备报检报关，如图3-2所示。

询价与报价 ⇒ 接受客户委托 ⇒ 接收审核单据 ⇒ 准备报检报关

图3-2　海运出口订单受理作业流程

任务实施

一、询价与报价

2013年9月18日下午2点，天津永诚国际物流有限公司海运客服部的李×接到北京杰诚商贸有限公司业务员王×的电话，称该公司准备从天津运输一批橡胶线棒到美国西雅图，询问船期及运价等相关费用。具体沟通过程如下：

客服代表李×：您好，天津永诚国际物流有限公司客服部！×××业务员为您服务，请问有什么可以帮助您？

客　　　户：我是北京杰诚商贸有限公司的工作人员，公司准备运输一批货物从天津到西雅图，询问一下贵公司散货、整柜价格。

客服代表李×：好的，我跟您确认一下，是从天津装船运到西雅图？允许转船吗？

客　　　户：是从天津到西雅图，不要转船。

客服代表李×：麻烦您提供一下货物的名称、是否有符合海运要求的包装、件数、预估的重量、体积（外包装尺寸）以及期望的装船时间。（实际的重量、体积应以货物集港称重后，库房给的称重单为准）

客　　　户：硫化橡胶线棒，重量为6100kg，体积为45m³，装船时间为10月10日之前。

客服代表李×：请问您的货物是否符合海运包装要求？件数是多少？
客　　　户：符合要求，610件。
客服代表李×：好的，我现在就给您查一下具体信息，请稍候。

李×立刻查询船公司的船期表（表3-1）。

表3-1　船期表

DESTINATIONS	起运港	中转港	ETD	预计航程	20'	40'	40HQ
Los Angeles	天津	DIR	六/五	15	1750	2180	2230
Seattle	天津	LAX	六/五	24	1730	2150	2200
Oakland	天津	LAX	一/五/六	20	900	1750	1850
Houston	天津	LAX	六/五	25	1730	2150	2230

西雅图船期等信息

客服代表李×根据船期表和运价表，通知客户9月25日下午2点之前将货物送达××堆场进行集货，具体沟通过程如下：

客服代表李×：您好，我是天津永诚国际物流有限公司海运客服部李×，我查了一下船期表，天津港到西雅图是周六截关，下周五开船。
客　　　户：那运费是多少？
客服代表李×：10月底之前，散货总费用为××元，其中运费××元，报关费200元，入库费××元；20尺柜，总费用为××元，其中运费××元，报关费200元，入库费××元；40尺柜，总费用为××元，其中运费××元，报关费200元，入库费××元；40尺高柜，总费用为××元，其中运费××元，报关费200元，入库费××元。另外，船公司都会收取燃油附加费、战争险。这是按照实际发生的费用金额收取的。
客　　　户：好吧，那我用一个40尺柜吧，你帮我办理相关手续吧。

小知识

船期表相关信息含义

LAX：中转。
DIR：直航。
ETD：离港日。
20尺柜：内容积为5.69m×2.13m×2.18m，配货毛重一般为17.5t，体积为24～26m³。
40尺柜：内容积为11.8m×2.13m×2.18m，配货毛重一般为22t，体积为54m³。
40尺高柜：内容积为11.8m×2.13m×2.72m，配货毛重一般为22t，体积为68m³。

二、接受客户委托

不久后客服代表李×接到客户北京杰诚商贸有限公司填写好的《货物出口委托书》电子邮件，首先查看发货人、收货人的名称和地址，然后审核起运港、目的港、货物名称、毛重、体积、包装种类等基本信息，最后查看一下特约服务内容以及托运人的信息。李×根据《货物出口委托书》的信息，为客户申请了舱位。在与船公司对所订舱位确认无

操作提示

海运货代报价需要具备的信息
1. 件数、重量、尺寸
2. 货物名称
3. 目的港
4. 装运港
5. 装船时间
6. 集装箱类型（整箱运输）

学习单元三

误后,李×通知客户将出口委托书签字盖章,并将出口委托书和合同、发票、装箱单、代理报关委托书、代理报检委托书等单据一起快递过来。同时,告知客户将货物于9月23日下午2点之前送到××堆场,并附上到堆场的行驶路线图。货物出口委托书如图3-3所示。

货物出口委托书
APPLICATION FORM FOR EXPORT GOODS

发货人名称地址 SHIPPER	Beijing Jiecheng Trading Co., Ltd. NO. 10 NewJie Road. XiCheng District,BEIJING	委托日期	2013年9月20日	
收货人名称地址 CONSIGNEE	KA PICK IMPORT CO. 5761 LOMA AVE., TEMPLE CITY, CA 91780	合同号/发票号	08SH-KTD03	
通知方名称地址 NOTIFY PARTY	SAME AS CONSIGNEE	贸易条款	运输方式:■海运 □空运 条款:FOB	
预配船期/航期	装货港 PORT OF LOADING	卸货港 PORT OF DISCHARGING	交货地点 PLACE OF DELIVERY	船名/航次
	天津新港	西雅图	西雅图	
货物名称	唛头和号码 MARKS & NUMBERS	件数和包装 NO.OF PKGS &KIND OF POACKING	重量 WEIGHTIN KG	体积 MEARASURMENT CBM
VULCANIZED RUBBER THREAD	WH1205 SEATTLE C/NO.: MADE IN CHINA	10KGS/CARTON 610CARTONS	G.W:6221KGS N.W:6100KGS	62
报关信息	贸易方式:一般贸易			
特殊条款				

图3-3 货物出口委托书

三、接收审核单据

客服代表李×接收客户送来的销售合同(副本)、装箱单(正本)、发票(正本)、已经盖好章的代理报关委托书原件、代理报检委托书原件等相关单证,并审核单据上的信息是否一致。

首先查阅出口委托书、报关委托书等基本信息以及是否签字盖章,然后认真审核所有单据的信息是否与合同保持一致。审核内容如图3-4、图3-5、图3-6、图3-7、图3-8所示。

SALES CONFIRMATION					
		S/C NO	08SH-KTD03		
		DAT	AUGUST 20, 2013		
The Seller	Beijing Jiecheng Trading Co., Ltd.	The Buyer	KA PICK IMPORTCO.		
Address	NO.10 NewJie Road .XiCheng District, BEIJING	Address	5761 Loma Ave., Temple City, CA 91780		
Item No.	Commodity& Specifications	Unit	Quantity	Unit Price/Weight (US$)	Amount (US$)
DR9012	VULCANIZED RUBBER THREAD	KGS	6100KGS	5.00/KG	30500.00
TOTAL CONTRACT VALUE		SAY US DOLLARS THIRTY THOUSAND AND FIVE HUNDRED ONLY			
PACKING		CARTON,10KGS/CARTON			
PORT OF SHIPPMENT		TIANJINXINGANG,CHINA			
PORT OF DESTINATION		SEATTLE, USA			
TIME OF SHIPMENT		NOT LATER THAN THE OCT 10TH, 2013			
TERMS OF PAYMENT		T/T WITHIN 90 DAYS AFTER B/L DATE			
SHIPPING MARK		N/M			
INSURANCE		COVERED BY THE SELLER			
REMARKS					

图3-4 合同

学习单元三

重量/装箱单
WEIGHT & PACKING LIST

P.O.:148823-209258
INVOICE NO.: SE1106018
发票号码
DATE: SEP, 16TH, 2013
制单日期

CONTRACT NO. : 08SH-KTD03
合同号码：
PACKING: 10KGS/CARTON
包装

COMMODITY & SPECIFICATIOHS	SHIPPING MARS & NO.	QUANTITY	G.W. KGS	N.W. KGS	SIZE M³
VULCANIZED RUBBER THREAD	WH1205 SEATTLE C/NO.: MADE IN CHINA	610CARTONS	6221.00	6100.00	45.000

品名、唛头、件数、重量、尺寸

BY Beijing Jiecheng Trading Co., Ltd.

图3-5 装箱单

发 票
Invoice

NO: SE1106018
P.O.: 148823-209258
MESSERS:
DATE OF DELIVERY:
交货日期
PORT OF SHIPMENT: TIANJINXINGANG, CHINA
装船口岸
DESTINATION: SEATTLE, USA
目的港
TERMS OF PAYMENT: T/T WITHIN 90 DAYS AFTER B/L DATE
付　　款　　条　　件

CONTRACT NO: 08SH-KTD03
PACKING: 10KGS/CARTON
包装
INSURANCE: COVERED BY THE SELLER
保险
VALIDITY:
有效期限

品名、单位、数量、单价、总价

序号 Item NO.	品名及规格 Commodity & Specifications	单位 Unit	单价 Unit Price	数量 Quantity	总价 Amount
DR9012	VULCANIZED RUBBER THREAD	KG	FOB XWGANG USD 5.00/KG	6100.00KGS	USD30500.00
合计 Total	SAY U.S.DOLLARS THIRTY THOUSAND AND FIVE HUNDRED ONLY				

北京杰诚商贸有限公司
BEIJING JIECHENG TRADING CO.LTD.

图3-6 发票

操作提示

（1）如果进出口商品是药品，需要向客户确认药品的名称、成分、含量和用途，并且一定要依据最新的海关进出口税则查找相关要素。

（2）一定要审核成交方式，因为它涉及成交价格是否包括运费等相关费用。

代理报关委托书

我单位（A逐票、B长期）委托贵公司代理ABCD等通关事宜。（A．填单申报　B．辅助查验　C．点缴税款　D．办理海关证明联　E．审批手册　F．核销手册　G．申办减免税款　H．其他）详见《委托报关协议》。

我单位保证遵守《海关法》和国家有关法规，保证所提供的情况属实、完整，单货相符，无侵犯他人知识产权的行为。否则，愿承担相关法律责任。

本委托书有效期自签字之日起至2013年12月31日止。

委托方（盖章）：北京杰诚商贸有限公司

北京杰诚商贸有限公司

法定代表人或其授权签署《代理报关委托书》的人（签字）：×××

2013年9月20日

委托报关协议

为明确委托报关具体事项和各自责任，双方经平等协商签订协议如下：

委托方	北京杰诚商贸有限公司	被委托方	天津永诚国际物流有限公司	
主要货物名称	硫化橡胶线棒	报关单编码		
HS编码	2910207890	收到单证日期	2013 年9月 22日	
货物总价	USD30500.00	收到单证情况	■合同	■发票
进出口日期	2013年9月30日		■装货清单	□提单
提单号			□加工贸易手册	□许可证号
贸易方式	一般贸易		其他　核销单　通关单	
原产地/货源地	北京西城区	报关收费	人民币：200元	
其他要求		承诺说明：		
背面所列通用条款是本协议不可分割的一部分，对本协议的签署构成了对背面通用条款的同意		背面所列通用条款是本协议不可分割的一部分，对本协议的签署构成了对背面通用条款的同意		
委托方业务签章： 北京杰诚商贸有限公司 经办人签章：××× 联系电话：139×××××××× 北京杰诚商贸有限公司		被委托方业务签署： 天津永诚国际物流有限公司 经办人签章：××× 联系电话：137×××××××× 天津永诚国际物流有限公司		

货物名称、HS编码等基本信息

委托方签章

图3-7　代理报关委托书

代理报检委托书

编号：

天津 出入境检验检疫局：

本委托人（备案号/组织机构代码×××××××××××）保证遵守国家有关检验检疫法律、法规的规定，保证所提供的委托报检事项真实、单货相符。否则，愿承担相关法律责任。具体委托情况如下：

本委托人将于2013年9月间进口/出口如下货物：

品 名	硫化橡胶线棒	HS编码	2910207890
数（重）量	6221KGS	包装情况	纸箱
信用证/合同号	08SH-KTD03	许可文件号	
出口货物收货单位及地址	KA PICK IMPORT CO.5761 LOMA AVE., TEMPLE CITY, CA 91780	出口货物提/运单号	
其他特殊要求			

特委托天津永诚国际物流有限公司（代理报检注册登记号××××××××××），代表本委托人办理上述货物的下列出入境检验检疫事宜：
  ☑1．办理报检手续；
  □2．代缴纳检验检疫费；
  □3．联系和配合检验检疫机构实施检验检疫；
  □4．领取检验检疫证单；
  □5．其他与报检有关的相关事宜。
联 系 人：×××
联系电话：139×××××××

本委托书有效期至2013年10月20日   委托人（加盖公章）北京杰诚商贸有限公司

                                              2013年9月22日

受托人确认声明

本企业完全接受本委托书。保证履行以下职责：
1．对委托人提供的货物情况和单证的真实性、完整性进行核实；
2．根据检验检疫有关法律法规规定办理上述货物的检验检疫事宜；
3．及时将办结检验检疫手续的有关委托内容的单证、文件移交委托人或其指定的人员；
4．如实告知委托人检验检疫部门对货物的后续检验检疫及监管要求。
如在委托事项中发生违法或违规行为，愿承担相关法律和行政责任。
联 系 人：×××
联系电话：137×××××××   受托人（加盖公章）天津永诚国际物流有限公司
                                              2013年9月22日

图3-8 代理报检委托书

四、准备报检报关

1．准备报检

客服代表李×将单据一一审核，确认信息无误后，开始填写出口报检单（草单），并将全套单据（销售合同（副本）、装箱单（正本）、发票（正本）、已经盖好章的代理报检委托书原件）及汇总表转给业务操作人员进行货物的报检工作。出口报检单（草单）如图3-9所示。

> **操作提示**
>
> **海运出口报检相关要求**
>
> 报检商品分法定检验商品和非法定检验商品，法定检验商品是列入《种类表》及其他法律、法规规定必须经过商检机构或者国家商检局、商检机构指定的检验机构检验的商品。除此以外的商品为非法定检验商品。非法检商品不用做检；法检商品由生产厂家在工厂所在地报检，取得报检号后，转告给代理。代理的客服将报检号告知报检员，报检员报检时，提交报检号，录入检验系统即可取得相关单据。

中华人民共和国出入境检验检疫
出境货物报检单（草单）

报检单位（加盖公章）		天津永诚国际物流有限公司			*编　号		
报检单位登记号	×××××××××	联系人	×××	电话139××××××××	报检日期	2013年9月22日	
发货人	（中文）	北京杰诚商贸有限公司					
	（外文）	Beijing Jiecheng Trading Co., Ltd.					
收货人	（中文）						
	（外文）	KA PICK IMPORT CO.					
货物名称（中/外文）		H.S.编码		产地	数/重量	货物总值	包装种类及数量
硫化橡胶线棒		2910207890		北京西城	6100kg	USD30500.00	610纸箱
运输工具名称号码				贸易方式	一般贸易	货物存放地点	天津
合同号		08SH-KTD03		信用证号	/	用途	其他
发货日期				输往国家（地区）	美国	许可证/审批号	
起运地		天津		到达口岸	西雅图	生产单位注册号	××××××××
集装箱规格、数量及号码							
合同、信用证订立的检验检疫条款或特殊要求			标记及号码		随附单据（画"√"或补填）		
			WH1205 SEATTLE C/NO.: MADE IN CHINA		☑合同	□包装性能结果单	
					□信用证	□许可/审批文件	
					☑发票	□	
					□换证凭单	□	
					☑装箱单	□	
					□厂检单	□	
需要证单名称（划"√"或补填）					*检验检疫费		
□品质证书	＿正＿副	□植物检疫证书		＿正＿副	总金额（人民币元）		
□重量证书	＿正＿副	□熏蒸/消毒证书		＿正＿副			
□数量证书	＿正＿副	□出境货物换证凭单		＿正＿副			
□兽医卫生证书	＿正＿副	□			计费人		
□健康证书	＿正＿副	□					
□卫生证书	＿正＿副	□			收费人		
□动物卫生证书	＿正＿副	□					
报检人郑重声明：					领取证单		
1. 本人被授权报检。 2. 上列填写内容正确属实，货物无伪造或冒用他人的厂名、标识、认证标志，并承担货物质量责任。 签名：＿＿＿＿					日期 签名		
注：有"*"栏由出入境检验检疫机关填写					◆国家出入境检验检疫局制		
					[1-2(2010.1.1)]		

图3-9　出口报检单（草单）

2．集港

货主备好发运货物后，通知代理调箱提货。按照要求的时间，将货物装车发运后，告知货代公司客服代表货车预计到达堆场的时间、车号、司机的联系方式等信息。客服代表第一时间将这些信息转告给操作人员。货车到堆场后，将集装箱落在堆场指定的货位。堆场操作系统在查询到该批货物的订舱信息（即舱单）后，生成该批货物已经运抵堆场的信息（也称"运抵报告"），并将该批货物的相关信息传输到与海关、船公司、代理等联网的系统上。

货代客服代表将货物运抵的信息及制作好的报关文件，一并转给报关操作人员，进行报关操作。

3．准备报关

客服代表李×将单据一一审核，确认信息无误后，开始填写出口报关单（草单）（见图3-10），并将全套单据（销售合同（副本）、装箱单（正本）、发票（正本）、已经盖好章的报关委托书原件、报检委托书原件及汇总表转给业务操作人员。

> **小知识**
>
> **订单整理**
>
> 客服在接到订单后，应当根据业务流程简单地整理。如在运输型公司，当接到客户委托订单时，很多时候对方发来的是提货单、提单、货物托运书等。这时需要完成的业务是根据这些单据显示的时间、地点、提货要求等去提货或报关、报检。所以这时订单整理工作就显得非常重要。

中华人民共和国海关出口货物报关单（草单）

预录入编号　　　　　　　　海关编号

出口口岸 （0202）新港海关	备案号		出口日期	申报日期 2013年9月24日
经营单位 北京杰诚商贸有限公司（1110120）	运输方式 江海		运输工具名称	提运单号
发货单位 北京杰诚商贸有限公司（1110120）	贸易方式 一般贸易（0110）		征免性质 一般征税（101）	结汇方式 T/T
许可证号	运抵国（地区） 美国		指运港（地区） 西雅图	境内货源地 北京西城
批准文号 798411490	成交方式 FOB	运费	保费	杂费
合同协议号 08SH-KTD03	件数 610	包装种类 纸箱	毛重/kg 6221	净重/kg 6100
集装箱号	随附单据			用途
标记唛码及备注 N/M					

项号	商品编号	商品名称、规格型号	数量及单位	最终目的国（地区）	单价	总价	币制	征免
1	22910207890	硫化橡胶线棒	6100KG	美国	5.00	30500.00	美元	照章征税

税费征收情况			
录入员　　录入单位 报关员	兹声明以上申报无讹并承担法律责任	海关单批注及放行日期（签章） 审单审价	
单位地址	申报单位（签章）	征税	统计
邮编　　电话	填制日期	查验	放行

图3-10　出口报关单（草单）

> **操作提示**
>
> **报关新规**
>
> 京津冀海关自2015年6月1日起，全面推行无纸化报关。相应的报关程序，都要实行无纸化操作。

任务二　空运进口订单受理

任务描述

2011年6月10日上午10点，天津永诚国际物流有限公司空运客服部张×收到销售部销售员李×的指示，客户北京杰诚商贸有限公司的6箱进口货物——型号为PR100的便携式无线电检测仪已经备好货，等待装机发运，希望能在一周后到达北京首都机场货运站，李×指示客服张×协助完成航空运输进口接单、审单事宜，以便尽快让货主收到货物。具体要求如下：

（1）审核相关进口单据信息。

（2）完成进口报关准备工作。

任务目标

1．掌握空运进口订单受理流程。

2．能正确审核确认空运进口订单内容。

3．能正确处理空运进口订单信息。

4．感受客服工作人员认真细致的工作要求，能认真、细致地完成空运进口订单申请的审核。

作业流程

空运进口订单受理作业流程一般为：接受客户委托→接收、审核单据（运单、发票、装箱单、购买合同等）→准备进口报检报关，如图3-11所示。

接受客户委托 ⇨ 接收审核单据 ⇨ 准备进口报检报关

图3-11　空运进口订单受理作业流程

任务实施

一、接受客户委托

1．查看销售指示

天津永诚国际物流有限公司空运客服部张×收到销售员李×发来的销售指示（见图3-12），认真查看销售指示上注明的起运港、货品的名称、件数、重量、体积尺寸以及有没有特殊的条款。

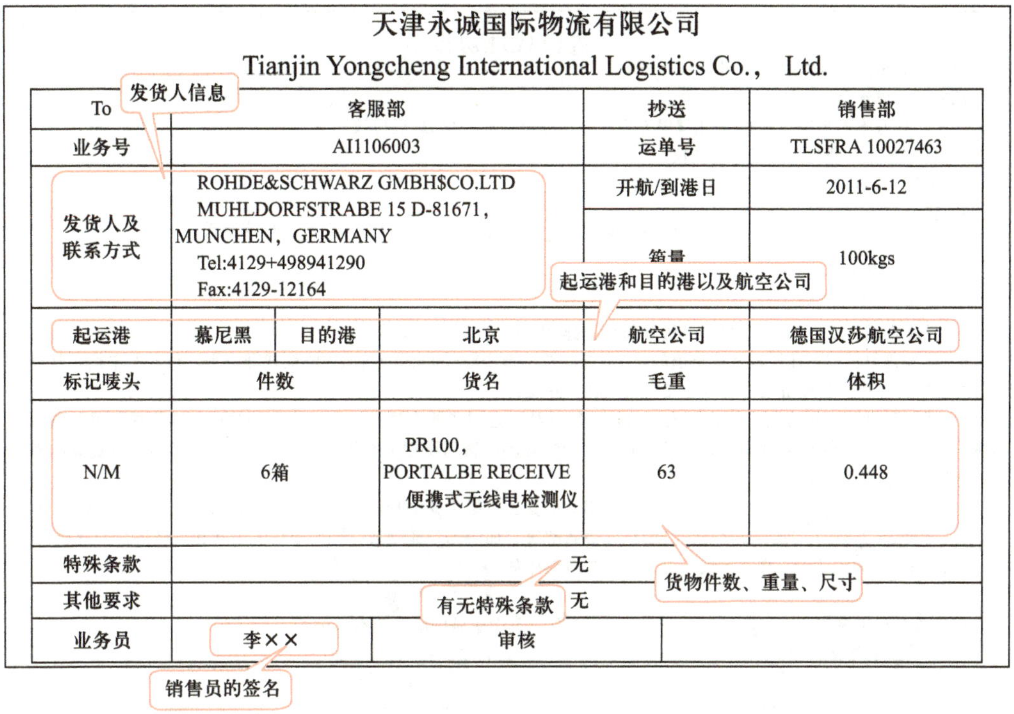

\<发货人信息\>				
天津永诚国际物流有限公司 Tianjin Yongcheng International Logistics Co., Ltd.					
To	客服部		抄送	销售部
业务号	AI1106003		运单号	TLSFRA 10027463
发货人及联系方式	ROHDE&SCHWARZ GMBH$CO.LTD MUHLDORFSTRABE 15 D-81671, MUNCHEN, GERMANY Tel:4129+498941290 Fax:4129-12164		开航/到港日	2011-6-12
			箱量	100kgs
起运港	慕尼黑	目的港 北京	航空公司	德国汉莎航空公司
标记唛头	件数	货名	毛重	体积
N/M	6箱	PR100, PORTALBE RECEIVE 便携式无线电检测仪	63	0.448
特殊条款		无		
其他要求		无		
业务员	李××	审核		

（注：表中标注——发货人信息；起运港和目的港以及航空公司；货物件数、重量、尺寸；有无特殊条款；销售员的签名）

图3-12　销售指示

2．核对进口委托书

客服代表查看销售指示信息后，确认公司可以接受客户委托。客服代表根据客服规范服务用语致电客户北京杰诚商贸有限公司业务部李经理，请他将进口代理协议传真过来，并将货物空运进口相关文件（购买合同、装箱单、发票、运单）快递过来，具体的沟通过程下：

> 客服代表张×：您好，您是北京杰诚商贸有限公司的李经理吗？我是天津永诚国际物流有限公司空运客服部小张。
> 客户李经理：是的，我就是，我司从德国购买的6箱便携式无线电检测仪已经备好货等待装机发运，希望在一周后就能到北京，请你们帮我们做好进口接货、通关事宜。
> 客服代表张×：好的，我们一定会尽全力做好这件事情，烦请您将相关货物的文件（购买合同、装箱单、发票、运单、报关委托书、报检委托书以及进口代理协议、调单介绍信）快递到我司。我们将随时查询航空公司的到货信息，货物到达后，机场一通知我们调单，我们将第一时间通知您，并及时办理通关事宜，请您放心！
> 客户李经理：好的，非常感谢你们的帮助，在办理进口接货、通关事宜时，如果有事情随时和我们联系！
> 客服代表张×：好的，非常感谢您！我将随时将接货的进展情况向您汇报！请您做好仓库接货准备！

随后张×在公司的传真机上收到客户提供的进口代理协议传真件，并给客户李经理回电，告知传真已接收完毕，使客户放心；同时，根据销售部的指示核对进口代理协议（见图3-13）中的相关基本信息（货物名称、规格、数量、贸易条款、装货港、起运港等信息）以及有无特殊运输条款。

学习单元三

进口代理协议

甲方：北京杰诚商贸有限公司
乙方：天津永诚国际物流有限公司

　　双方本着平等互利的原则，就甲方为乙方代理进口业务事，达成协议如下：
1. 货物名称：便携式无线电检测仪
2. 外贸合同号：RSYKD110310DH/209254
3. 进口配额证号码：
4. 进口许可证号码：
5. 单价：EUR25066.67
6. 总额：EUR75200.00
7. 付款方式：乙方在甲方对外T/T货款前5天内向甲方支付人民币货款。
8. 代理费用：甲方按外贸发票货值的1%(最低收费RMB1000.00元/票)向乙方收取代理费用。付汇汇率按付款当日银行外汇牌价计算。代理费用由乙方在支付货款时一并支付。
9. 货物到港后，甲方负责货物通关、内陆运输手续。进口货物在报关过程中产生的关税、增值税及报关费、报检费，以及有可能产生的其他费用，由乙方负担。内陆运输的费用及相关责任由乙方负担。由于乙方原因造成的滞报金、滞纳金，由乙方负担。
10. 进口货物如有质量问题或与合同不符，甲方根据乙方提供的商检证明负责向外商索赔，但不承担经济责任。
11. 纠纷解决本着尽责事宜及纠纷由双方协商解决，如协商不能解决，则按中华人民共和国经济合同法执行。
12. 本协议一式二份，双方各执一份，签字盖章后生效。

（标注：货物名称、外贸合同号；单价、总额、付款方式）

甲方：北京杰诚商贸有限公司　　　　乙方：天津永诚国际物流有限公司
2011年6月10日　　　　　　　　　　　2011年6月10日

图3-13　进口代理协议

二、接收、审核单据

1. 接收单据

客服代表张×接收到北京杰诚商贸有限公司发来的快递文件——报关报检用的单证文件（购买合同（副本）、装箱单（正本）、发票（正本）、运单（复印件）、已经盖好章的报关委托书（正本）、盖好章的报检委托书（正本））、进口代理协议、调单介绍信后，立即致电联系客户，告知客户相关单证文件已收到，并和客户确认快递文件份数，使客户放心，具体沟通过程如下：

> **操作提示**
>
> 进口代理协议的查看要点
> 1. 货品的名称、单价、总额。
> 2. 外贸合同号。
> 3. 付款方式。

客服代表张×：您好，是李经理吗？我是天津永诚国际物流有限公司空运客服部小张。
客户李经理：哦，小张啊！收到我司上午给你寄过去的快递文件吗？
客服代表张×：是的，我正想跟您确认一下文件内容，有一份购买合同的副本、一份正本的箱单、一份正本的发票、一份运单的副本，还有一份空白的盖好章的报关委托书、一份空白的盖好章的报检委托书、一份进口代理协议、一份调单介绍信，您看就是这些文件吧？
客户李经理：是的，就这些。
客服代表张×：好的，我马上核对单据内容，请您放心！
客户李经理：好的，再见！
客服代表张×：再见！

　　随后，张×依次审核所有单证文件的信息是否与合同一致，进一步确认空运进口相关信息。

2. 审核单据

（1）审核购买合同与装箱单内容是否一致。张×根据客户提供的购买合同（见图3-14）中的相关内容（如发货人，收货人，货物的品名、件数、重量、体积，发货地，运费到付等情况），与装箱单（见图3-15）内容进一步核对。

购买合同
SUPPLY CONTRACT

（合同号码、签订合同日期）

购买合同号码 S/C NO			RSYKD110310DH		
日期 DATE			Mar28，2011		
出口商 The Seller	ROHDE&SCHWARZ GMBH$CO.LTD	进口商 The Buyer	Beijing Jiecheng Trading Co., Ltd.		
地址 Address	MUHLDORFSTRABE 15 D-81671 MUNCHEN, GERMANY	地址 Address	NO.10 NewJie Road, XiCheng District, BEIJING		
项目号 Item No.	商品名称 Commodity& Specifications	单位 Unit	数量 Quantity	单价 Unit Price/Weight	总价 Amount
1.00	PR100, PORTABLE RECEIVE	SET	6	EUR25066.67 CIF BEIJING	EUR75200.00
货物总价值 TOTAL CONTRACT VALUE:		EUR75200.00			
包装 PACKING	BOX				
起运港 PORT OF SHIPPMENT	MUNCHEN, GERMANY				
目的港 PORT OF DESTINATION	BEIJING(PEKING), CHINA				
支付方式 TERMS OF PAYMENT	100%T/T PAYMENT 14DAYS BEFORE SHIPMENT				
唛头 SHIPPING MARK	N/M				
保险 INSURANCE	COVERED BY THE SELLER				
备注 REMARKS					

BUYER 买方
北京杰诚商贸有限公司
Beijing Jiecheng Trading Co., Ltd.
Signature（签字）_____
By（经由）
Title General Manager
Date Mar18, 2011
Place Beijing

（合同专用章 北京杰诚商贸有限公司）

SELLER(卖方)
ROHDE&SCHWARZ GMBH$CO.LTD
MUHLDORFSTRABE 15 D-81671, MUNCHEN, GERMANY
Signature（签字）_____
By（经由）
Title _____ ROHDE&SCHWARZ GMBH$CO.LTD
Date 28.03.2011
Place MUNCHEN

图3-14 购买合同

重量/装箱单
WEIGHT & PACKING LIST

P.O.
INVOICE NO.: 209254
发票号码
DATE：Mar28, 2011
制单日期

FDA NO:
CONTRACT NO.: RSYKD110310DH
合同号码：
PACKING: BOX
包装

COMMODITY & SPECIFICATIOHS	SHIPPING MARS & NO.	QUANTITY	G.W. kgs	N.W. kgs	SIZE m³
PR100，PORTALBE RECEIVE	N/M	6BOX	63	42	0.448

BY ROHDE&SCHWARZ GMBH$CO.LTD

图3-15 装箱单（二）

操作提示

客服代表根据合同审核装箱单内容的要点
1. 合同号码、签订合同日期、购买合同与装箱单中内容要一致。
2. 贸易双方名称、地址等信息：购买合同中的出口商信息要与装箱单的内容保持一致。
3. 货物基本信息：购买合同中的货物品名、件数、币制、货物单价、价格条款和货物总价值的内容要与装箱单的内容保持一致。

（2）审核购买合同与发票内容是否一致。客服代表张×根据客户提供的购买合同中相关内容（如发货人，收货人，货物的品名，件数，重量，体积，发货地，运费到付等情况），与发票（见图3-16）内容进一步核对。

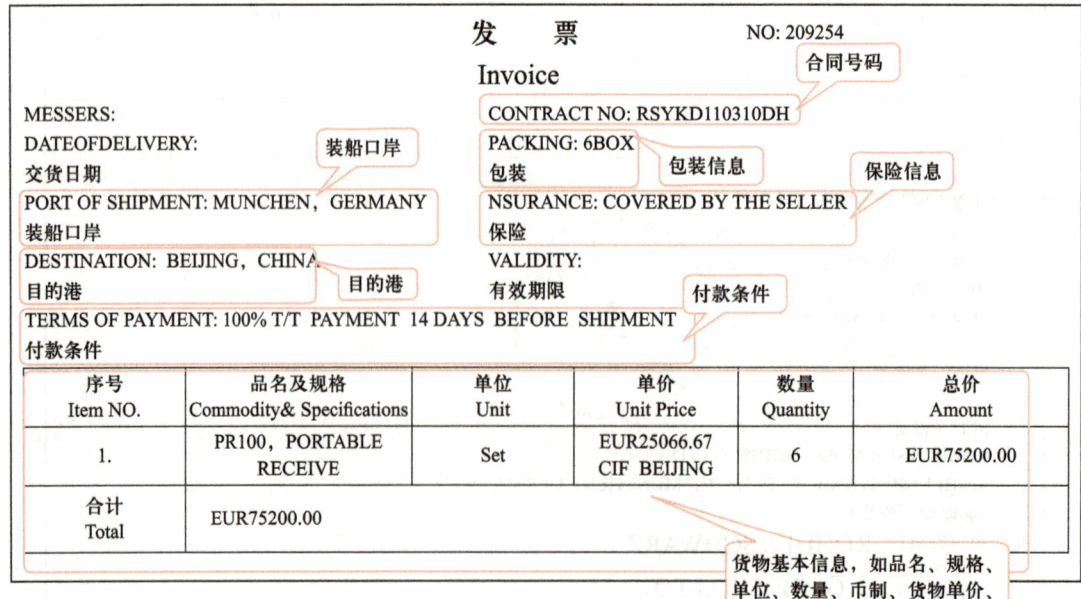

发 票
Invoice
NO: 209254

MESSERS:
DATEOFDELIVERY:
交货日期
PORT OF SHIPMENT: MUNCHEN，GERMANY
装船口岸
DESTINATION: BEIJING, CHINA
目的港
TERMS OF PAYMENT: 100% T/T PAYMENT 14 DAYS BEFORE SHIPMENT
付款条件

CONTRACT NO: RSYKD110310DH
PACKING: 6BOX
包装
NSURANCE: COVERED BY THE SELLER
保险
VALIDITY:
有效期限

序号 Item NO.	品名及规格 Commodity& Specifications	单位 Unit	单价 Unit Price	数量 Quantity	总价 Amount
1.	PR100，PORTABLE RECEIVE	Set	EUR25066.67 CIF BEIJING	6	EUR75200.00
合计 Total	EUR75200.00				

图3-16 发票（二）

操作提示

客服代表根据合同审核发票内容的要点

（1）购买合同与发票的合同号码内容保持一致。
（2）购买合同与发票中的包装信息保持一致。
（3）购买合同与发票中的装船口岸和目的港信息保持一致。
（4）购买合同与发票中的保险信息保持一致。
（5）购买合同与发票中的付款信息保持一致。
（6）购买合同中的品名、件数、币制、货物单价、价格条款和货物总价值与发票相关内容保持一致。

（3）审核购买合同与代理报检委托书内容是否一致。客服代表张×根据客户提供的购买合同中相关内容（如发货人，收货人，货物的品名、件数、重量、体积，发货地，运费到付等情况），与代理报检委托书（见图3-17）内容进一步核对。

代理报检委托书

编号：

北京 出入境检验检疫局：

本委托人（备案号/组织机构代码××××××××××）保证遵守国家有关检验检疫法律、法规的规定，保证所提供的委托报检事项真实、单货相符。否则，愿承担相关法律责任。具体委托情况如下：

本委托人将于2011年6月间进口/出口如下货物：

品　名	便携式无线电检测仪	HS编码	9030409000
数（重）量	63KGS	包装情况	纸箱
信用证/合同号	RSYKD110310DH	许可文件号	
出口货物收货单位及地址	Beijing Jiecheng Trading Co., Ltd. NO.10 NewJie Road, XiCheng District, BEIJING	出口货物提/运单号	
其他特殊要求			

特委托　天津永诚国际物流有限公司（代理报检注册登记号××××××××××），代表本委托人办理上述货物的下列出入境检验检疫事宜：

☑1. 办理报检手续；
☐2. 代缴纳检验检疫费；
☐3. 联系和配合检验检疫机构实施检验检疫；
☐4. 领取检验检疫证单；
☐5. 其他与报检有关的相关事宜。

联　系　人：×××
联系电话：139××××××××
本委托书有效期至2011年7月20日　　委托人（加盖公章）北京杰诚商贸有限公司
　　　　　　　　　　　　　　　　　　　　　　　　　2011年6月11日

受托人确认声明

本企业完全接受本委托书。保证履行以下职责：
1. 对委托人提供的货物情况和单证的真实性、完整性进行核实；
2. 根据检验检疫有关法律法规规定办理上述货物的检验检疫事宜；
3. 及时将办结检验检疫手续的有关委托内容的单证、文件移交委托人或其指定的人员；
4. 如实告知委托人检验检疫部门对货物的后续检验检疫及监管要求。
如在委托事项中发生违法或违规行为，愿承担相关法律和行政责任。

联　系　人：×××
联系电话：137××××××××　　受托人（加盖公章）天津永诚国际物流有限公司
　　　　　　　　　　　　　　　　　　　　　　　　　2011年6月11日

图3-17　代理报检委托书（二）

学习单元三

操作提示

空运进口报检注意事项

（1）空运进口业务的报检操作，一般都在货到之前进行。所以，文件要在发货前至少一周交到代理的手里。到货前文件就要准备好，货到后调单并在文件上附一张正本运单，就可以进行报检操作了。

（2）进口报检所需的基本文件和报关一样。非法检商品，只做包装检验；法检商品，要提供相关文件（单证），做进口货物“通关单”，通关单号填在报关单相应的栏目内，通关单正本附在报关文件后面，进行报关。

（3）法检商品货到后，除了进行外观包装查验，放行后，还要约同检验人员到存货仓库对货物进行开箱查验。货物在开箱查验前是不准移动、销售的。换言之，在开箱查验前，全部货物必须保持包装完整，数量不缺。否则，检验部门将依法对货主做出处理。

（4）包装查验，是对货物外包装物的种类（集装箱装载的货物，包括对集装箱内的固定物、支撑物）与申报的是否一致进行查验。申报与实际一致的，做放行处理。申报与实际不一致的，非木质包装，做更改后放行。木质包装：非原木包装的，做错报处理；原木包装（包括集装箱内的固定物、支撑物）上，没有国际通行的消杀标志的，做就地拆除销毁处理。拆除销毁的费用，由货主承担，同时对货主进行经济处罚。

（4）审核购买合同与代理报关委托书内容是否一致。张×根据客户提供的购买合同中相关内容（如发货人，收货人，货物的品名、件数、重量、体积，发货地，运费到付等情况），与代理报关委托书（见图3-18）内容进一步核对。

代理报关委托书

我单位（A逐票、B长期）委托贵公司代理ABCD等通关事宜。（A．填单申报　B．辅助查验　C．点缴税款　D．办理海关证明联　E．审批手册　F．核销手册　G．申办减免税款　H．其他）详见《委托报关协议》。

我单位保证遵守《海关法》和国家有关法规，保证所提供的情况属实、完整、单货相符，无侵犯他人知识产权的行为。否则，愿承担相关法律责任。

本委托书有效期自签字之日起至2011年10月31日止。

委托方（盖章）：北京杰诚商贸有限公司

法定代表人或其授权签署《代理报关委托书》的人（签字）：×××

2011年6月10日

委托人公司公章

委托报关协议

委托人、被委托人的相关信息

为明确委托报关具体事项和各自责任，双方经平等协商签订协议如下：

委托方	北京杰诚商贸有限公司	被委托方	天津永诚国际物流有限公司
主要货物名称	便携式无线电检测仪	报关单编码	
HS编码	9030409000	收到单证日期	****
货物总价	EUR75200.00	收到单证情况	■合同　■发票
进出口日期	2011年6月10日		■装货清单　□提单
提单号			□加工贸易手册　□许可证号
贸易方式	一般贸易		其他 核销单 通关单
原产地/货源地		报关收费	人民币：　***　元
其他要求		承诺说明：	
背面所列通用条款是本协议不可分割的一部分，对本协议的签署构成了对背面通用条款的同意		背面所列通用条款是本协议不可分割的一部分，对本协议的签署构成了对背面通用条款的同意	
委托方业务签章： 北京杰诚商贸有限公司 经办人签章：××× 联系电话：13×××××××××		被委托方业务签署： 天津永诚国际物流有限公司 经办人签章：××× 联系电话：137××××××××	

货物的相关信息

委托人公司公章

图3-18　代理报关委托书（二）

三、准备进口报检报关

1. 准备进口报检

客服代表张×审核进口委托报检协议后,发现客户委托的货物属于强制性认证产品目录中的产品,因此要求客户提供3C认证证书和认证标志,以便尽快协助办理货物报检手续。客户送来货物的3C认证证书后,张×首先查验了证书的有效期,并核对货证是否相符,随后依据运单、发票、装箱单及合同等证明货物合法进口的批准文件,制作进口货物报检单(草单)(见图3-19),并将进口货物报检单(草单)与3C认证证书、认证标志、合同、发票、提单、装箱单、信用证等单证一并交给现场操作人员进行进口报检操作。

> **操作提示**
>
> 客服代表根据合同审核代理报关委托书内容要点
> (1)委托人公司公章名称要与合同中的进口商名称一致。
> (2)委托人、被委托人的相关内容保持一致。
> (3)货物基本信息,如品名、件数、币制、货物单价、货物总价值。

中华人民共和国出入境检验检疫
入境货物报检单(草单)

报检单位(加盖公章)			天津永诚国际物流有限公司		*编 号	
报检单位登记号 ××××××××		联系人 ×××	电话 139××××××××		报检日期	2011年6月11日
收货人	(中文)		北京杰诚商贸有限公司			
	(外文)		Beijing Jiecheng Trading Co., Ltd.			
发货人	(中文)					
	(外文)		ROHDE&SCHWARZ GMBH$CO.LTD			
货物名称(中/外文)		H.S.编码	产地	数/重量	货物总值	包装种类及数量
便携式无线电检测仪		9030409000	德国	6台/42kg	EUR75200.00	6个纸箱
运输工具名称号码				合同号	RSYKD110310DH/209254	
贸易方式		一般贸易	贸易国别(地区)	德国	提单/运单号	
到货日期			起运国家(地区)	德国	许可证/审批号	
卸货日期			起运口岸	慕尼黑	入境口岸	北京
索赔有效期			经停口岸	/	目的地	北京
集装箱规格、数量及号码						
合同、信用证订立的检验检疫条款或特殊要求				货物存放地点	北京	
				用途	自营自销	
随附单据(画"√"或补填)			标记及号码	外商投资财产(画"√")	□是□否	
☑合同	□到货通知		N/M	检验检疫费		
☑发票	☑装箱单			总金额(人民币元)		□
□提运单	□质保书					□
□兽医卫生证书	□理货清单			计费人		
□植物检验检疫书	□磅码单					□
□动植物建议建书	□验收报告			收费人		
□卫生证书						
□原产地证						□
□许可/审批文件						
报检人郑重声明:				领取证单		
1. 本人被授权报检。 2. 上列填写内容正确属实。				日期		
			签名:×××	签名		
注:有"*"栏由出入境检验检疫机关填写				◆国家出入境检验检疫局制		
				[1-2(2010.1.1)]		

图3-19 进口货物报检单(草单)

操作提示

报检流程如下：

1. 准备报检所需单证

   一般货物报检所需文件为合同、发票、装箱单、报关单、提单、报检委托书。特殊货物需要相关特殊文件，如卫生证、3C证明、备案书等。

2. 预录入报检信息

   根据货物实际情况将报检信息录入报检系统。

3. 申报

   报检员对入境报检单据检查无误后，到报检前台递单申报。

4. 缴费

   缴纳入境货物检验检疫费。

5. 放行

   检疫放行的货物出具入境货物通关单，需要调离到使用地检疫的出具入境电子报检受理凭条。

6. 验货

   需要调离施检的货物收货人在收货后不能自行拆开货物，需要与受理凭条上所调离的检疫局约检，由调离后的检疫局施检。

   木质包装产品，一般要求在场站实施木质包装检疫。无IPPC标志的，需要进行熏蒸处理或销毁包装。

   进口货物在海关放行之后，应尽快办理商检验货等手续，商检未办理验货放行前，是不得擅自使用及销售。

小知识

3C认证

3C认证的全称为"强制性产品认证制度"，它是中国政府为保护消费者人身安全和国家安全、加强产品质量管理、依照法律法规实施的一种产品合格评定制度。所谓3C认证，就是中国强制性产品认证制度，英文名称为China Compulsory Certification，英文缩写为CCC。

强制性产品认证基本规范由国家质量监督检验检疫总局、国家认证认可监督管理委员会制定、发布。

出入境检验检疫机构对列入目录的进口产品实施入境验证管理，查验认证证书、认证标志等证明文件，核对货证是否相符。验证不合格的，依照相关法律法规予以处理，对列入目录的进口产品实施后续监管。

2. 准备进口报关

客服代表张×根据海关要求，依据运单、发票、装箱单及合同等证明货物合法进口的批准文件，制作进口货物报关单（草单），并将进口货物报关单（草单）及时交给现场操作人员做报关准备，以便货物到达机场库房时，能进行货物报关。填写的进口货物报关单（草单）如图3-20所示。

中华人民共和国海关进口货物报关单

预录入编号		海关编号		
进口口岸 首都机场	备案号		进口日期	申报日期
经营单位 北京杰诚商贸有限公司（1110120）	运输方式 航空运输		运输工具名称	提运单号 TLSFRA 10027463
发货单位 北京杰诚商贸有限公司（1110120）	贸易方式 一般贸易		征免性质 一般征税	结汇方式 T/T
许可证号	起运国（地区） 德国		装货港 慕尼黑	境内目的地
批准文号	成交方式 CIF	运费	保费	杂费
合同协议号 RSYKD110310DH	件数 6	包装种类 箱	毛重/kg 63	净重/kg 42
集装箱号		随附单据		用途
标记唛码及备注 N/M				
项号　商品编号　商品名称、规格型号　　数量及单位　原产国（地区）　单价　　　总价　　币制　征免 9030409000　PR100　便携式无线电检测仪　　6箱　　德国　　25066.67　75200.00　欧元　照章征税				
税费征收情况				
录入员　　录入单位 报关员 单位地址 邮编　　　电话	兹声明以上申报无讹并承担法律责任 申报单位（签章） 填制日期		海关单批注及放行日期(签章) 审单审价 征税　　　统计 查验　　　放行	

图3-20 进口报关单（草单）

项目评价

项目评价表

班　级		姓　名		小　组	
项目名称		海运、空运进出口订单受理			
考核内容	评价标准	参考分值 （100）	考核得分		备注
			自评分	互评分	教师评分
知识技能 掌握情况	能够正确说出海运出口订单受理作业流程	10			
	能够正确说出海运出口单据审核时要确认的基本信息	10			
	能够正确说出空运进口订单受理作业流程	10			
	能够正确说出空运进口单据审核时要确认的基本信息	10			
	能正确完成海运出口报关单（草单）的填写	15			
	能正确完成空运进口报关单（草单）的填写	15			
	能够与不同的客户进行顺畅的交流沟通	10			
参与活动情况	认真扮演自己的角色，配合其他角色完成任务	15			
	积极参加任务操作				
	积极参与小组讨论				
	积极回答老师提问				
情感、态度、 价值观	团队合作意识、竞争意识以及沟通交流能力	5			
小计					
合计=自评分×20%+互评分×40%+教师评分×40%					

项目小结

通过学习海运、空运进出口订单受理业务,应该掌握以下内容:

1. 海运出口订单受理作业流程:询价与报价→接受客户委托→接收审核单据(发票、装箱单、买卖合同等)→准备报检报关。

2. 办理海运出口需要的主要单据包括出口委托书、合同、发票、装箱单、代理报关委托书。

3. 审核单据时要确认的基本信息有:①发货人和收货人的基本信息、货物的基本信息(件数、重量、体积);②整套单据的信息是否一致;③是否有企业的签章。

4. 空运进口订单受理作业流程:接受客户委托→接收、审核单据(运单、发票、装箱单、购买合同等)→准备进口报检报关。

5. 接收审核单据的内容有:收发货人的名称和地址,装运港、目的港,出港/到港日期,货物名称、件数、重量、尺寸、单价、总价及币制。

项目自测练习

一、判断题

1. 根据销售部的指示客服核对托书中的基本信息(货物名称、规格、数量、贸易条款、装货港、起运港等)。   (   )

2. 装运期限、目的港、装运港等信息直接影响到客服订舱的航线,航班的开航时间不应晚于客户要求的转运期限。   (   )

3. 客服代表应仔细查看销售指示,如运单号码,开航日/到港日,起运港,货品的名称、件数、重量、尺寸以及有没有特殊的运输要求,以便安排接单、接货工作。   (   )

4. 空运进口订单受理作业流程一般为:报价、询价→接收委托→接收审核单据→接收货物→准备进口报关。   (   )

5. 客服人员与客户确认货物送达机场仓库的具体时间,并到现场进行货物信息核对,确认件数、重量、尺寸等货物信息。   (   )

二、简答题

1. 客户委托书都有哪些内容?查看的要点是什么?
2. 如何填制报关单(草单),如何审核报关单?

三、业务训练

2012年9月5日上午10点,天津永诚国际物流有限公司空运客服部的张×接到客户北京杰诚商贸有限公司销售员小王的电话,询问在9月22日从北京出口10件玩具(每件毛重为

5.3kg，每件尺寸为41cm×33cm×20cm）到法国巴黎的报价，张×查询航班时刻表、运价表后，结合货物的件数、重量和尺寸进行报价。双方经磋商后达成一致，北京杰诚商贸有限公司委托天津永诚国际物流有限公司帮助办理出口事宜。请你以客服代表张×的身份完成空运出口接单、审单事宜，以便尽快帮货主发运货物。

项目二　国际货代客户纠纷处理

项目背景描述

天津永诚国际物流有限公司是经国家批准正式注册的一级国际货运代理企业，总部设于天津，公司在全国各大港口以及其他中心城市搭建了完善的物流机构，并在全球160多个国家和地区建立了代理网络。

天津永诚国际物流有限公司物流客服部主要为客户提供业务咨询、业务受理等各种物流客户服务。物流业务服务包括航线操作、报关报检、装箱理货以及与其相关的物流信息服务。另外，在基本物流业务服务的基础上，还为客户提供更多的增值服务，包括相关的信息服务和客户关系维护管理。

天津永诚国际物流有限公司客服部主要为客户提供货物跟踪查询、投诉处理等服务。该部门的组织架构如图3-21所示。

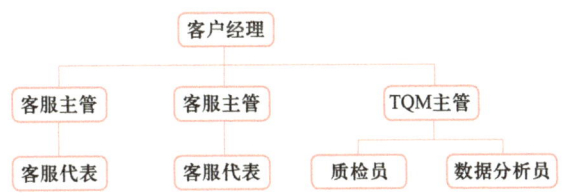

图3-21　组织架构

该部门设立了多个客服小组，包括跟踪查询组和投诉处理组等。其中，客服主管主要负责本组客服代表的管理，保证业务过程的正常完成，对业绩进行评估及实施相应的改进措施；客服代表负责业务跟踪查询、客户投诉处理等具体的客户服务事务；TQM（Total Quality Management）主管主要负责对整个客户服务部门的质量的保障和监督。

新员工业务储备

1. 受理客户投诉流程

对客户投诉流程进行规范，主要有两个目的，一是可以使新员工尽快熟悉业务流程，二是可以规范员工的工作行为和态度。

受理客户投诉流程如图3-22所示。

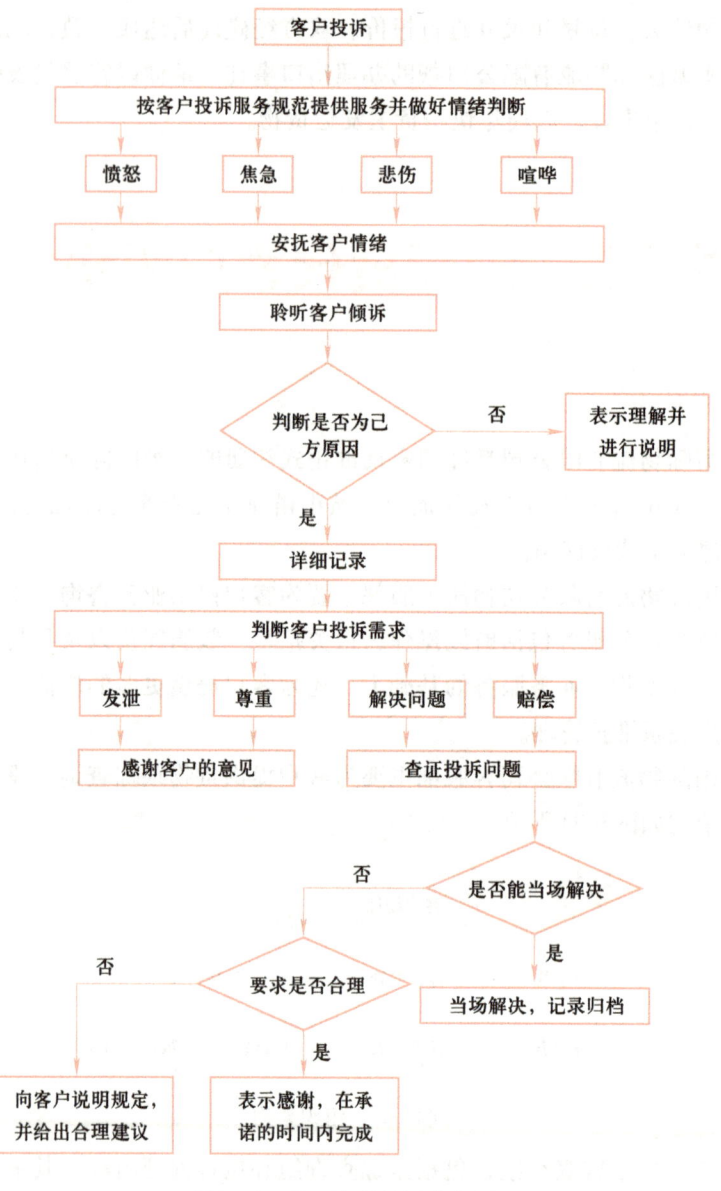

图3-22 受理客户投诉流程图

2．处理客户投诉的基本步骤.

(1) 专心倾听客户投诉，安抚客户情绪。

(2) 做好记要。

(3) 客户陈述完后，复述其主要内容并征询客户意见。

3．客户投诉处理技巧

了解客户的投诉内容后，客服代表应当判断投诉类型，选择相应的处理方法。客户投诉类型主要分为业务类投诉和服务类投诉。其中，业务类投诉的处理方法见表3-2。

表3-2 业务类投诉的处理方法

失误方	是否为货代公司责任	是否可以当场处理	投诉类型	客服人员的处理方法
客户自身	是	是	货物延迟类投诉、货物丢失或少件类投诉	客服人员联系操作人员，更改航次
业务人员	是	否	货物延迟类投诉、货物丢失或少件类投诉、财务类投诉	承认自身的错误 站在客户的角度设计解决方案 客户损失严重者，适当给予赔偿
客服人员	是	否		
财务人员	是	是	财务类投诉	承认自身的错误 重新为客户开立发票
供方	否	否	货物延迟类投诉、货损类投诉	向客户解释原因 站在客户的角度设计解决方案 操作人员联系船方，将损失降至最小
不可抗力因素	否	否		

服务类投诉主要是客户对客服人员的语言、行为、态度等服务礼仪不满而引起的，如服务态度差、与客户争吵、与客户沟通不足、有意欺骗客户等。这类投诉是可以当场解决的，具体的处理方法有：承认自身的错误；接受客户的建议，并表示感谢；向客户承诺会改进服务质量。

任务一　货物损毁纠纷处理

任务描述

2013年8月27日下午，海运客服部的李×接到客户北京杰诚商贸有限公司的电话，称收到从天津港运送过来的货物，在卸货时发现一个单元货物的外包装有破损，并将货物包装破损情况进行了拍照，且与货车司机确认完毕。记录下相关投诉信息后，李×赶快将此事反馈给运营部，请他们查询货物破损的原因并制订解决方案。具体要求如下：

（1）请客服部完成货物破损原因的查询。
（2）制订相应的解决方案。

任务目标

1．掌握货物损毁纠纷的处理流程。
2．能填制客户投诉处理通知书。
3．耐心解答客户的投诉问题，掌握客户投诉的处理技巧。

作业流程

在国际物流作业中，由于相关人员操作不当、不可抗力等原因导致货物卸错、交货迟、野蛮装卸、货差货损及服务态度差、服务与承诺不一致等问题，从而引发客户投诉，处理客户投诉的流程如图3-23所示。

| 受理客户投诉 | ⇨ | 调查事故原因 | ⇨ | 制订解决方案 | ⇨ | 进行客户反馈 |

图3-23 处理客户投诉的流程

任务实施

一、受理客诉投诉

2013年8月27日15:00，海运客服部的李×接到客户北京杰诚商贸有限公司的投诉电话，声称收到货物时发现有一个单元货物的外包装出现破损，破损情况如图3-24所示，于是拒绝签收，要求退回并要求货代赔偿损失。客服部李×耐心倾听客户的投诉，并在客户投诉处理登记表中进行了详细记录。客户投诉登记表见表3-3，投诉过程如下：

图3-24 外包装破损情况

客服代表李×：您好，天津永诚国际物流有限公司客服部！××号业务员为您服务，请问有什么可以帮助您？

客　　　户：我是杰诚商贸的工作人员，我公司委托你们运输的一批货，到货时我们打开集装箱，发现有一个单元货物的外包装出现破损。我们已经对破损货物拍照了，并且请司机在现场写了证明，证明货物在开箱时已经发生破损，并证明不是由于卸车原因造成的货物破损。请你们协助联系运输的各个环节，查找一下发生破损的原因，并出具证明，以便我们向保险公司索赔。

客服代表李×：非常抱歉出现了这样的事情，请问您对这批货物的运输向保险公司投保了吗？都投保了哪些险种？

客　　　户：我们对这批货物投保了包括不计免赔的运输全险。

客服代表李×：真是对不起，给您带来了损失，我已经将您反映的情况记录了下来。这样吧，我马上联系报检人员，让他联系检验部门，尽快对受损货物进行检验。请您也尽快向保险公司报案，让他们对货物受损情况进行证据固定。我们分头行动，争取尽快把问题处理好。请您再说一遍贵公司的全称及联系方式，好吗？

客　　　户：北京杰诚商贸有限公司，电话010-661×××××。

客服代表李×：我很理解您的心情，我马上把反映的情况汇报给主管部门，处理结果一出来我立刻与您联系。
客　　　户：好吧。
客服人员李×：谢谢您的来电，再见！

表3-3　客户投诉登记表

投诉时间	投诉人	地址	联系电话	投诉内容	调查原因
2013年8月27日 15:00	北京杰诚商贸有限公司	北京西城区新街口大街××号	010-661××××	一单元货物外包装出现破损	
客户要求	货代赔偿损失					
处理结果					
备注					

记录人：李×

小知识

货运事故的种类

货运事故是指在各种不同的运输方式下，承运人在交付货物时发生的货物质量变差、数量减少的事件。在国际海上货物运输中，货运事故主要指运输中造成的货物丢失或损坏，即货损货差事故。在国际航空货物运输中，货运事故包括不正常运输中所有涉及货物的不正常情况。

狭义的货运事故是指运输中发生的货损货差事故。

广义的货运事故还可包括运输单证差错、延迟交付货物、海运中的"无单放货"等情况。

二、调查事故原因

客服代表李×将客户投诉的情况及时上报给运营部门，请他们与船公司、海关监管仓库、拖车公司联系，查询提单等相关单据的中转记录情况。运营部门经过查询得知船在海上航行时曾遇到过大风浪，导致了海水倒灌，可能发生水渍现象，从而导致了外包装破损，如图3-25所示。

图3-25　外包装破损情况

三、制订解决方案

运营部根据事故原因及出现的货物损失情况，提出以下解决方案：

（1）客服代表尽快与船公司联系，要求船公司对运输途中发生海水倒灌的情况出具证明。

（2）要求报检人员尽快联系检验部门做商检，并出具检验证明。

（3）将船公司、检验部门的证明及时交给货主，以便货主能尽早向保险公司提出索赔。

客服代表李×收到运营部的调查结果后，及时填写了客户投诉登记表，并根据客户投保情况，确定客户的货物损失在保险理赔范围内，所以客户直接与保险公司联系，进行理赔即可。客服代表李×将处理结果也完整地填入了客户投诉登记表见表3-4。

表3-4 客户投诉登记表

投诉时间	投诉人	地址	联系电话	投诉内容	调查原因
2013年8月27日 15:00	北京杰诚商贸有限公司	北京西城区新街口大街××号	010-661×××××	一单元货物外包装出现破损	海上运输中遇到大风浪，出现海水倒灌，货物被浸泡，外包装损坏
客户要求	查明出现破损的原因，并出具证明				
处理结果	报检人员及时联系检验部门做商检，并出具检验证明；客服代表尽快与船公司联系，要求船公司对运输途中发生海水倒灌的情况出具证明				
备注	上述两个证明到手后，及时交给客户，以便客户到保险公司索赔				

记录人：李×

四、进行客户反馈

客服代表李×收到运营部的事故调查原因和解决方案后，立刻给北京杰诚商贸有限公司回电。首先李×对客户表示了歉意和同情，然后将调查原因告知对方，并说明解决方案。具体沟通情况如下：

客服代表李×：您好，是北京杰诚商贸有限公司吗？我是天津永诚国际物流客服部的李×。

客　　户：我是杰诚商贸的业务经理，上次我们投诉的货物破损的事情处理得怎么样了？

客服代表李×：非常抱歉让您久等了，给您致电正是向您汇报这件事的处理结果。经过我们的调查，货物出现的破损是因为海上运输过程中遇到了风浪，出现了海水倒灌，因此可能出现水渍现象，由此导致外包装破损。

客　　户：那损失由谁负责？

客服代表李×：我很理解您的心情，这次损失属于水渍险保险责任范围内，保险公司应该负责赔偿。我们已经要求船公司出具相关证明。我们收到证明后，会及时转交给您。

客　　户：那我们怎么办？

客服代表李×：贵公司是否通知保险公司来检验货物受损情况，固定受损证据？另外，我们已经联系检验部门到存货仓库对货物进行商检，请贵公司给予配合。您收到船公司出具的证明和商检证明后，请备齐仓库收据和送货单、保单、货物包装破损照片等全套单据到保险公司索赔。

客　　户：既然这样，我们商量一下，再与你们联系。

客服代表李×：好的，欢迎来电。

在公司报检人员及时联系检验部门做商检，并出具检验证明的同时，客服代表又与船公司联系，要求船公司对运输途中发生海水倒灌的情况出具证明。取得了两份证明后，客服代表及时提交给客户。一周后，客服代表再次致电客户询问事故处理情况，具体过程如下：

> 客服代表李×：您好，是北京杰诚商贸有限公司吗？我是天津永诚国际物流客服部的李×。
> 客　　　户：我是杰诚商贸的业务经理。
> 客服代表李×：给您致电是想和您沟通一下事情进展得怎么样了？
> 客　　　户：我们已经将您提供给我们的两份证明连同仓库收据和送货单以及保单、货物包装破损照片等全套单据交给保险公司办理保险理赔，很感谢你们及时给我们提供证明，才使理赔工作这么顺利。
> 客服代表李×：这是我们应该做的，很高兴能为您提供服务，今后合作愉快。
> 客　　　户：好的，下次再合作！

操作提示

货物受损处理注意事项

发现货物受损后，应第一时间通知保险公司让其来检验货物受损情况，并出具证明；特别注意要尽可能地保留货物现场，同时，请检验部门到场进行商检，并取得相关证明。

任务二　货物递送延误纠纷处理

任务描述

2013年7月初，北京杰诚商贸有限公司和美国客户达成贸易协议，务必要将一份电子产品样品于美国当地时间7月21日18:00前准时送达，否则客户将取消其100万美元的订单。美国当地时间7月21日18:30前美国客人仍然没有收到该批样品，美国客户发邮件给北京杰诚商贸公司的销售员王先生，要求取消订单，愤怒之下的王先生于7月22日9:00向天津永诚国际物流有限公司进行投诉，要求赔偿损失。空运客服部的张×接到李先生的电话，立即将此事反馈给业务部人员，并根据事故调查结果做好纠纷处理工作。具体要求如下：

(1) 受理客户投诉，做好投诉记录。
(2) 制订投诉解决方案，妥善处理客户投诉。

任务目标

1. 掌握处理货物递送延误的流程。

2．能填制客户投诉处理通知书。

3．耐心解答客户的投诉问题，能认真、细致地填制客户投诉处理通知书。

作业流程

造成货物延误的原因是多方面的，有物流公司内部的原因，有不可抗力的原因，也有客户自身的原因。货物递送延误纠纷处理流程如图3-26所示。

受理客户投诉 → 调查事故原因 → 制订解决方案

图3-26　货物递送延误纠纷处理流程

任务实施

一、受理客户客诉

王先生于7月22日9:00向天津永诚国际物流有限公司进行投诉，空运客服部的张×接听了王先生的电话，并认真填写了客户投诉登记表（见表3-5），记录投诉内容与要求。具体沟通如下：

客　　　户：你好，我公司发出的空运货物到现在美国客户还没有收到，客户取消了和我们的100万美元的订单，你们要赔偿我们的损失！

客服代表张×：您别着急，我马上去给您查查系统，看是哪里出了问题，我会及时答复您的。请稍后！

客　　　户：好，我等你的答复。

表3-5　客户投诉登记表

序号	投诉时间	投诉人	地址	联系电话	投诉内容	调查原因
1	2013年7月22日 9:00	北京杰诚商贸有限公司	北京西城区新街口大街××号	010-661××××	货物未交付	
客户要求	查找原因，赔偿损失					
处理结果						
备注						

二、调查事故原因

客服代表张×立即调出公司有关货物递送延误调查处理流程，如图3-27所示。查阅后快速登录首都机场网站，输入航班号和运单号，查询货物的实时跟踪消息。系统显示内容如图3-28所示。

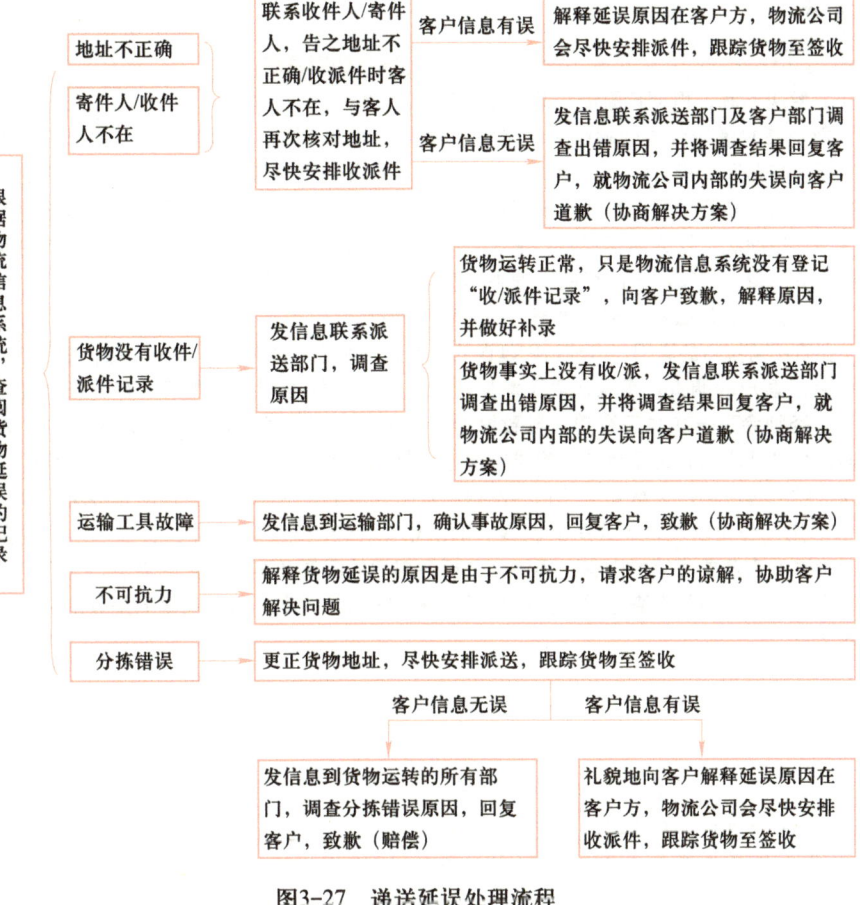

图3-27 递送延误处理流程

```
2013.7.21日 13:00前收件，赶一日达航班。
2013.7.21日 17:00集货到机场
2013.7.21日 18:00—19:00分拣货物
2013.7.21日 19:00—22:00海关检查货物
2013.7.21日 22:00—23:00海关放行货物，货物装机
2013.7.21日 23:00货物暂留机场（雷雨天气）
```

图3-28 系统查询货物信息

客服代表张×发现该批货物滞留在北京首都机场的原因是由于出现了雷雨天气这种不可抗力，造成了货物出现递延交付。根据递送延误处理流程，客服代表张×不断地查询航空公司库区最新信息，并迅速与客户沟通，沟通过程如下：

客服代表张×：非常不好意思，我刚才查了航空公司系统，系统显示货物暂留机场，是因为雷雨天气。

客　　　户：啊，我说呢！美国客户咋到现在都没有收到呢，我马上向客户说明这个情况。

客服代表张×：好的，您先别着急，我马上致电航空公司，现在天气好了，看看能不能赶上下一趟班机，您放心吧！我一有消息立即告知您。非常抱歉，我们应该及时进行查询，让您费心了。

操作提示

货物递送延误的调查处理技巧

（1）先解决问题，再调查原因，落实差错责任。

（2）解决货物递送延误问题的关键是抓紧时间，尽快将货物送达收件人，如果将宝贵的时间先用在调查原因与落实差错责任上，则使本来延误的货物进一步地延误。其实，无论调查的结果是货代公司、物流公司、航空公司还是客户的责任，解决方案都是一样的（客户要求取消运送情况除外），都是要尽快安排递送。优先为客户安排递送，会给客户树立一种勇于承担责任、专业解决问题、高效率服务的企业形象，也有利于后续的工作中尽快得到客户的理解与体谅。

（3）对客户及物流公司内部相关部门同时展开调查。

（4）排查不可抗力的原因，造成货物延误的原因有可能来自客户方，也有可能来自物流公司内部。

（5）针对客户的调查，客服代表不能用责问或者盘问的语气，在事情没有调查清楚之前，不能随意推测，否则会再一次触怒客户，导致投诉的升级。客户代表应使用"核对资料"的方式与客户进行沟通，如"江小姐，为了尽快为您进行递送货物，我可以跟您核对一下相关的资料吗？""王先生，请您把航空运单通过传真或电子邮件发给我查阅一下吧，这有助于尽快为您解决问题。"

（6）对货代公司以及物流公司的调查：确认需要调查的部门和具体的责任人，发送客户投诉登记表，明确要调查及要回复的内容，再综合分析各部门的回复及客户提供的信息，落实差错责任，确定调查结果，向客户回复调查结果，协商投诉处理（赔偿）方案，跟踪货物的签收情况及投诉处理方案的落实情况。

小知识

不可抗力的种类

（1）天气（暴雨、大雾、雷雨、风雪等）

（2）地震、洪水、海啸等自然灾害

（3）社会问题（罢工、游行示威、暴动等）

（4）交通堵塞

三、制订解决方案

由于本次事故的发生是因为不可抗力导致航班延误，公司不承担损失的赔偿责任。但公司应向客户解释货物延误的原因是由于不可抗力，希望得到客户的谅解，并协助客户解决问题，让货物尽快运抵美国。

货物于2013年7月22日23:00起飞，张×赶快致电客户王先生，告诉客户问题已经解决，并填制客户投诉处理登记表见表3-6。

表3-6 客户投诉登记表

序号	投诉时间	投诉人	地址	联系电话	投诉内容	调查原因
1	2013年7月22日 9:00	北京杰诚商贸有限公司	北京西城区新街口大街××号	010-661×××××	货物未交付	出现了雷雨天气
客户要求	查找原因，尽快将货物发出，赔偿损失					
处理结果	由于出现不可抗力，造成货物递延交付，公司不承担责任。公司将关注航班信息，尽快完成运送					
备注	货物已于2013年7月22日 23:00起飞					

操作提示

发现货物受损后，第一时间通知保险公司让其来检验货物受损情况：

（1）若货物受损明显，要尽可能地保留货物现场，并取得相关证明。

（2）若货物受损不明显，应聘请公证机构进行检验并出具检验证明。

项目评价

项目评价表

班　级		姓　名		小　组	
项目名称			国际货代客户纠纷处理		

考核内容	评价标准	参考分值(100)	考核得分			备注
			自评分	互评分	教师评分	
知识技能掌握情况	能够描述货物损毁纠纷处理的基本流程	8				
	能够说出国际货代中保险索赔的基本步骤	8				
	能够说出国际货代中保险索赔需要的单据及证明文件	8				
	能够描述递送延误纠纷处理的基本流程	8				
	能够准确记录客户投诉的基本信息	8				
	能够正确填制客户投诉处理通知书	8				
	能够查找货物递送延误的原因	12				
	能够说出货物递送延误的调查处理技巧	8				
	能够运用货物递送延误的调查处理技巧处理纠纷	12				
参与活动情况	认真扮演自己的角色，配合其他角色完成任务	15				
	积极参加任务操作					
	积极参与小组讨论					
	积极回答老师提问					
情感、态度、价值观	团队合作意识、竞争意识以及沟通交流能力	5				
小计						
合计=自评分×20%+互评分×40%+教师评分×40%						

项目小结

通过学习国际货代纠纷处理，应该掌握以下内容：

1．货物损毁纠纷处理的基本流程：受理客户投诉→调查事故原因→制订解决方案→进行客户反馈。

2．国际货代中保险索赔的基本步骤。

3．国际货代中保险索赔需要的单据及证明文件。

4．递送延误纠纷处理的基本流程：受理客户投诉→调查事故原因→制订解决方案。

5．准确记录客户投诉的基本信息，包括客户姓名、联系方式和联系地址；投诉内容需要记录事故类型、运单号、投诉时间、投诉内容等。

6．正确填制客户投诉处理通知书。

7．查找货物产生递送延误的原因：物流公司内部的原因、不可抗力的原因、客户自身的原因。

8．货物递送延误的调查处理技巧：先解决问题，再调查原因，落实差错责任；对客户及物流公司内部相关部门同时展开调查，协助客户解决问题。

> 项目自测练习

一、判断题

1．在处理客户投诉时，无论面对什么问题，都应该快速得出结论，提高投诉处理效率。（　　）
2．耐心倾听客户的抱怨就是倾听对方无限制的抱怨直到结束为止。（　　）
3．由于承运人的原因造成货物丢失、变质、污染、损坏的，一律按照托运人的声明价值进行赔偿。（　　）
4．收货人向承运人或保险公司索赔时，必须提交货物残损检验报告。（　　）
5．针对客户的调查，客服代表不能用责问或者盘问的语气，在事情没有调查清楚之前，不能随意推测，否则会再一次触怒客户，导致投诉的升级。（　　）
6．若货物受损明显，要尽可能地保留货物现场，并取得相关证明。（　　）
7．若货物受损不明显，应聘请公证机构进行检验并出具检验证明。（　　）
8．无论调查的结果是货代公司、物流公司、航空公司还是客户的责任，解决方案都是一样的（客户要求取消运送情况除外），都是要尽快安排递送。（　　）
9．如果是运输工具故障引起的纠纷，客服代表应发信息到运输部门，确认事故原因，回复客户并致歉（协商解决方案）。（　　）

二、简答题

1．受理客户投诉时需要记录的基本信息有哪些？
2．货物损毁纠纷处理的基本流程是什么？
3．在进口贸易中，托运人进行索赔时应该提交哪些单据？
4．货物递送延误的调查处理技巧有哪些？

三、业务训练

2013年3月2日上午，海运客服部的张某接到客户北京杰诚商贸有限公司的电话，询问该批货物是否运抵美国，客服部张某查询货物在途状态后，发现有一件货物被遗落在天津港，其他货物已运抵美国，北京杰诚商贸有限公司李经理进行投诉并要求赔偿损失，请你扮演张某的角色做好纠纷处理。

学习单元三

项目三　国际货代客户关系维护

> 项目背景描述

上海长风国际物流有限公司是经国家批准正式注册的一级国际货运代理企业。总部设于上海，公司在全国各大港口以及其他中心城市搭建了完善的物流机构，并在全球160多个国家和地区建立了代理网络。

公司客服部由海运客服项目组和空运客服项目组组成，主要为客户提供航线询价、运单查询、货物跟踪、纠纷处理、报关相关单据审核等各种国际货代客户服务业务，同时还进行各种运营数据的统计分析工作。该客服部的组织架构如图3-29所示。

图3-29 客服部组织架构

新员工业务储备

1. 客户关系管理

国内外对于客户关系管理的定义不尽相同，但其内涵是相同的，如图3-30所示。

（1）客户关系管理的基础是创造客户价值。客户关系管理认为客户是企业最重要的资源，企业向实施客户关系管理的基础是要为客户创造更多的价值。采用信息技术对客户的信息进行获取、分析，预测客户需求变化，有针对性地提供差异化的产品和服务来满足客户的需求，最大化客户价值，从而与客户建立长期关系，增加客户的忠诚度，最终实现客户的终身价值。

（2）关系价值是客户关系管理的核心。关系价值是在与客户建立和维持关系后为企业带来的价值。识别关系价值高的客户可以为企业带来更多的利润，对于有潜力发展的客户，应通过客户关系管理开展针对性服务，发展为高关系价值。识别和培养是管理好关系价值的关键。

（3）客户关系管理以信息技术为支撑点。基于先进的信息技术，客户关系管理利用数据仓库、数据挖掘等技术来发现、建立、优化客户关系，从设计、销售和服务整个过程为客户提供优质服务，从而提高客户价值。信息技术也可以对客户资料进行收集分析、数据挖掘，帮助企业识别具有不同关系价值的客户关系，为企业实施客户管理策略提供依据。

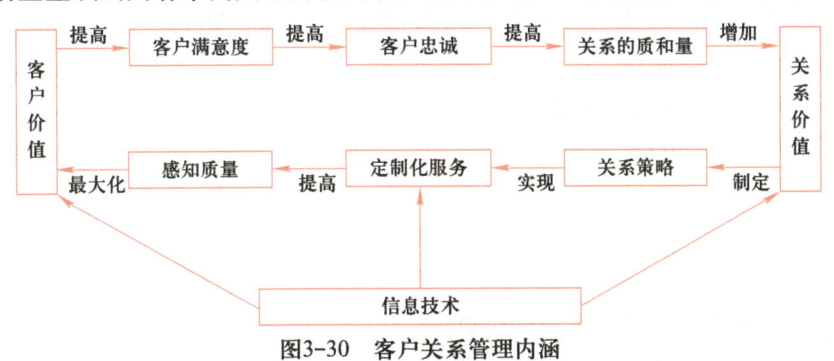

图3-30 客户关系管理内涵

2. 货代服务质量

货运服务质量涉及很多方面，综合来看，主要包括服务态度、服务技术、服务设施和服务项目四个方面。

（1）服务态度。服务态度是货运服务质量的重要组成部分。良好的服务态度具有感召功能，对客户具有吸引力。服务态度影响着服务质量的优劣和服务水平的高低。服务态度是指服务人员在服务过程中言行举止的外部表现形式。良好的服务态度主要由亲切、主动、耐心、诚恳、周到、热情等方面构成，这些方面相辅相成，共同构成良好的服务态度。

（2）服务技术。服务技术是评判服务质量的基本标准。良好的服务态度还依赖于高超的服务技术。没有一定的技术，难以满足客户的需求。服务技术是指员工在服务过程中对服务知识和操作技术掌握的熟练程度。服务知识主要是指员工对货运相关知识的掌握程度，操作技术则是指工作能力。

（3）服务设施。完善而先进的服务设施是现代货运代理企业高度发展的一个重要标志，也是为客户、货主提供高效率、高质量服务所必需的物质基础，是保证服务质量、提高服务水平的重要组成部分。服务设施是指货运服务企业为客户提供服务所必需的硬件设施——生产资料，包括运输工具、港口码头、车队、场站、集装箱、通信系统等。

（4）服务项目。服务项目是货运服务质量的重要内容之一，是指服务性企业为客户提供的服务范围或服务内容，也可以说是服务性企业的业务经营范围。货运代理企业服务项目的设置主要以"需要"和"可能"为原则，以客户满意为度，同时兼顾协调性策略，即各个服务项目应配套。各行业、各专业之间一定要相互协调、相互促进，不能彼此制约、分散或抵消各项目和服务环节功能的发挥。

学习单元三

任务一　客户忠诚度维护

任务描述

上海长风国际物流有限公司成立至今，客户数量已从最初的不到10家增加到几百家。为了保证客户服务质量，公司规定客服部每月对1～3家客户进行回访、拜访工作，其主要目的是增加老客户的忠诚度，拓展业务。

4月初，海运客服项目组长张丽根据公司相关规定，确定需要进行拜访的区域及拜访的客户，并计划于4月中旬陆续完成拜访工作。具体工作要求如下：

（1）确定拜访客户名单。
（2）做好客户拜访前的相关准备工作。
（3）完成客户拜访并填写《客户拜访表》。

任务目标

1．掌握国际货代客户拜访名单制定要点。
2．掌握拜访客户前相关准备工作的具体内容。

3．能认真、细致地完成客户拜访工作。

 **作业流程**

拜访客户的重要意义在于，通过与客户面对面地沟通，增加双方的信任和相互了解，融合双方的感情，巩固合作关系。拜访客户的流程如图3-31所示。

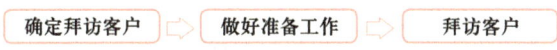

图3-31　拜访客户的流程

 **任务实施**

一、确定拜访客户

1．目标客户选择

张丽对需要拜访的目标客户依据两个主要标准——客户优先级别和拜访区域进行选择。

（1）客户优先级别。上海长风国际物流有限公司的客户类型主要分为A、B、C、D四类客户，具体分类方式见表3-7和图3-32。其中，业务量大、利润贡献额高且支付费用信用度高的同行或个人客户作为关键客户，应对其进行定期的回访。

表3-7　客户分类方式

类　别	客户划分	划　分　依　据
A类	核心客户	业务量大，利润率高
B类	潜力客户	业务量小，单笔利润率高
C类	一般客户	业务量大，利润率低
D类	低端客户	业务量小，利润率低

图3-32　客户分类

（2）拜访区域。根据客户公司的地址、客户的业务性质与数量等确定拜访区域。若计划一天拜访几个客户，可选取客户较集中的区域进行拜访，计划好路线，提高拜访效率。

因此张丽根据3月份的客户档案表（见图3-33）及客户选择标准，确定拜访区域。

	A	B	C	D	E	F	G
1				客户档案表			
2	客户单位	客户地址	联系人	办公电话	手机号码	QQ或MSN	反馈信息、备注
3	致天贸易	浦东奥纳路79号交能国际大厦613室	陈小姐	021-873××××		1272××××	主营办公用品、机器的出口贸易,主要航线是东南亚和香港,已将客户报价、公司简介、公司执照、费用介绍发送邮箱,又建议浏览公司网站,她要求寻找大型公司长期合作,已有同事负责。
4	泓历玩具	徐汇区吴中路8号锦辉大厦4幢3A03-3A06室	赖先生	021-228××××	137×××××××	8044××××	主要航线是欧州、美国及全球各地,整柜每月10只左右,散货较少,无牌玩具,必须爽快对答。
5	威信贸易	漕溪北路18号上实大厦28楼H座	Sandy	021-819××××		8976××××	专业生产各类塑料和纸类包装袋、包装膜。
6	双顺贸易	虹口区东大名路1062弄临江大厦2号5楼	胡小姐	021-813××××		3458××××	佛山出货到金边,已报USD46。
7	伊法贸易	漕河泾开发区田州路99号新安大楼1203室	法小姐	021-362××××		1084××××	主要航线是吉达。
8	百世鑫贸易	浦东新区三林镇胡港村朱家宅51号101室	杨先生	021-835××××		9609××××	主要航线是非洲,也有迪拜。
9	海航进出口	浦东新区金新路58号	陈先生	021-878××××		4132××××	主要是红海航线

图3-33 客户档案表

2. 设定拜访目标

根据公司的拜访计划,本次的拜访目的是提高客户的忠诚度。由于3月份接到海航进出口贸易公司的投诉,因此选择海航进出口贸易公司作为此次拜访的客户,拜访目标是重塑公司形象、提高客户的满意度与忠诚度。

> **小知识**
>
> 拜访目标设定的时候,需要遵循SMART原则:
> S代表具体(Specific),指拜访目标的描述必须是细致、详细的。
> M代表可度量(Measurable),指拜访目标是数量化或者行为化的。
> A代表可实现(Attainable),指拜访目标在付出努力的情况下可以实现,避免设立过高或过低的目标。
> R代表现实性(Realistic),指拜访目标是实实在在的,是符合实际情况的。
> T代表有时限(Timebound),注重完成目标的时间期限。
> 例如,拜访目标可设定为:下周四,拜访阮小姐,了解客户信息,争取1个月内,揽到至少一个小箱。

二、做好准备工作

在拜访客户前,张丽需要做三方面的准备:知识准备、工具准备和电话预约。

1. 知识准备

(1)收集本公司的关键信息与材料。关键信息是在业务开发中最有效、最有帮助的信息,一般可分为销售支持类、辅助信息类,具体见表3-8。

表3-8 信息分类表

客户信息类别	划 分 依 据
销售支持类	公司拥有网上询价系统
	公司的基本背景、创立时间
	承接业务、公司规模、公司的荣誉奖项、服务网络
	合作伙伴、优势航线
辅助信息类	公司最新动态
	提供辅助文档可供下载,如托运单、保函等

操作规范

"销售支持类"信息都是非常有帮助的资料,可以把这些图片打印成彩色纸质资料,放到客服代表的文件夹中。在与客户沟通的"方案展示"阶段将用到这些材料。文件夹应为内页袋型,以便放入资料。

为了方便向客户展示,张丽将部分销售支持类信息打印成彩色纸质资料,放入文件夹中。

(2)了解船公司优势航线及船期。客服代表需要根据客户经常订舱的航线,了解各船公司的船期及优势航线。海航进出口贸易有限公司定期从上海或宁波出口,走红海航线,前往阿拉伯等中东地区。

张丽工作多年,经验丰富,十分熟悉红海航线上的主要营运船公司,它们分别是UASC、K-Line、COSCO、HANJIN、APL。为了使拜访顺利进行,张丽分别整理出这几家公司的红海航线。

(3)了解竞争对手的价格。在拜访客户前,须了解客户经常订舱的航线上其他货代公司的价格,这样才能在与客户交流时,突出己方的优势。可以通过以下三种方法获取竞争对手的价格:

1)网络搜索法。网络搜索法是指通过网络来了解市场运价的方法。常用的相关网站有锦程物流网(www.jc56.com)、中国国际海运网(www.shippingchina.com/)等,如图3-34和图3-35所示。

2)同行联系法。通过加强与同行(货代公司)的联系,可以彼此更新市场运价,对于市场的运价变化有个清晰、全面的了解。

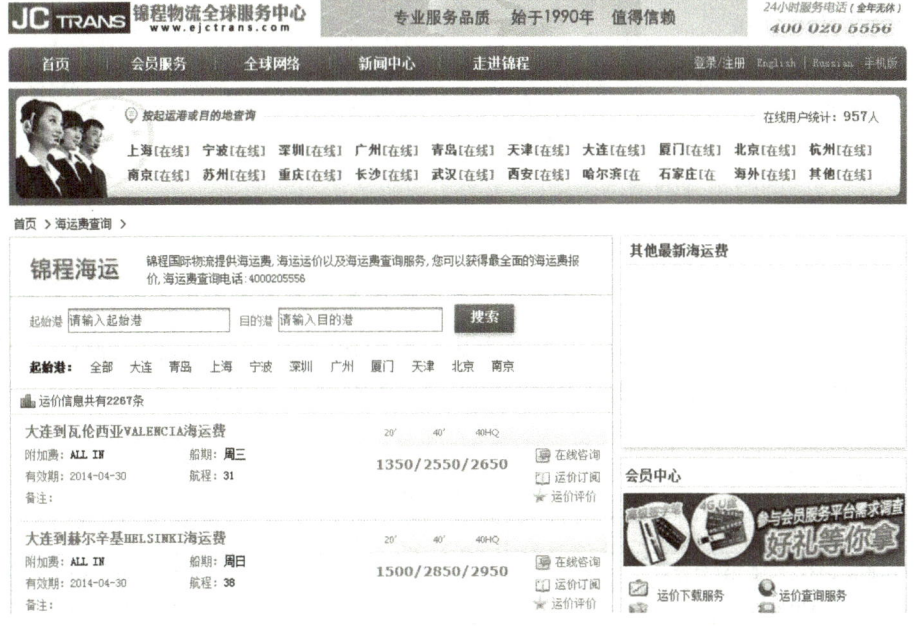

图3-34 锦程物流网

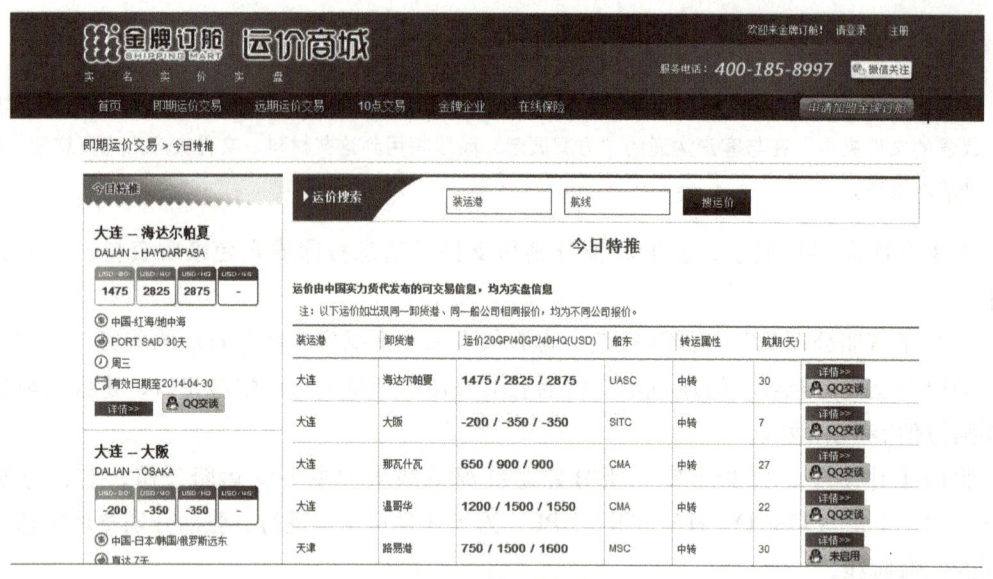

图3-35　中国国际海运网

> **小知识**
>
> 同行人脉如何建立？
>
> 方法一：业务场合法。在业务开发中，往往会碰到同行，这时可索取名片并自我介绍。
> 方法二：参加宁波货代行业会议。参会的大多数是货代公司的销售人员，与他们交流可建立人脉。
> 方法三：参加客户的年会。年会上，往往不只一家货代公司参加，这也是建立人脉的良好途径。

3）平台咨询法。实际业务中，往往有不少的一级国际货运代理企业是开放运价平台给货代公司的。销售人员可根据公司发放的ID，登录到该系统中，自助查询运价。一代公司平台如图3-36所示。

图3-36　一代公司平台

张丽通过多种渠道了解到目前同行货代从上海港起运至吉达的报价见表3-9。上海长风国际物流有限公司的报价为1450/2600/2600，航期是20天。与同行比较，价格及航期都有一定的优势。

表3-9　同行报价表

货代公司	航　期	报价（20GP、40GP、40HQ）
深圳嘉德信通国际货运代理上海分公司	20	1000/2100/2100
上海瀚源国际物流有限公司	22	1760/3160/3160
上海荣翼国际物流有限公司	30	1930/3510/3610
上海巴士悦信物流发展有限公司	23	1875/3150/3150

2．工具准备

张丽在拜访客户前一天，将所需要的工具列一份清单，详见表3-10。

表3-10　工具准备清单

项　目	数　量	已　准　备
衣服（套装）	1套	✓
名片	1盒	✓
签字笔和记事本	1套	✓
计算器	1个	✓
公司宣传册	2本	✓
宣传文件夹	1本	✓
地图	1份	✓
小礼品	若干	✓
公文包	1个	✓

3．电话预约

无论是为了业务销售，还是为了增加客户忠诚度，电话预约一般都需要经历以下三个步骤：

（1）开场白。开场白是一个起关键作用的步骤。客户往往在接到电话的3秒之内，就决定拒绝还是继续交流。因此，电话接通后，客服代表首先应核实客户信息并确认，之后进行自我介绍，给客户留下"专业、礼貌、自信"的印象。

（2）了解情况。在电话中了解一下客户的大致信息，是为邀约打下基础。因为，如果开场白结束之后立马就提出"面谈"的要求，往往会遭到客户的拒绝。

（3）邀约。在了解客户的大致情况之后，就可提出拜访客户的要求了。张丽与海航进出口贸易公司的陈先生进行电话预约，具体沟通过程如下：

> 陈　先　生：你好！海航贸易。
> 客服代表张丽：您好，请问是陈先生吗？
> 陈　先　生：我是。你是哪一位？
> 客服代表张丽：您好。我是上海长凤国际货代的小张，很久没有联系您了，最近生意怎么样？
> 陈　先　生：我们的生意还可以。到红海的货基本上每个月都会出6个大箱，还有一些去欧洲的，大概一个月2个小箱左右。
> 客服代表张丽：哦，那贵公司的生意很好啊。我这次打电话是想看您周三还是周四有空，去拜访一下您！
> 陈　先　生：哦……不用了！
> 客服代表张丽：您放心，面谈不会占用太多时间，大概15分钟就够了。
> 陈　先　生：好吧，那就周四下午3点吧。
> 客服代表张丽：好的，您那边的地址是浦东新区××路58号，对吧？
> 陈　先　生：是的。
> 客服代表张丽：好，那就周四见。
> 陈　先　生：好，拜拜。
> 等客户挂断电话，再挂电话。

三、拜访客户

张丽按照约定的时间,到达海航进出口贸易公司。见到客户后,先进行自我介绍,双手递过名片,主动与对方握手,并说明来意。

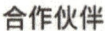

拜访客户的商务礼仪

1. 在货代行业,最佳着装是商务休闲装,即介于商务装与休闲装之间的搭配。夏天可选用Polo衫加商务休闲西裤。冬季可考虑衬衫加商务休闲西装(男士)、衬衫加商务休闲西服、套裙(女士)的搭配。
2. 着重注意头发与手部的清洁卫生。
3. 使用礼貌用语,注意客户称呼。
4. 主动递名片,保持名片或名片夹的清洁、平整。
5. 主动与客户握手,时间一般在2~3秒或4~5秒为宜。握手不宜用力过猛或毫无力度。要注视对方并面带微笑。

1. 商务会谈

张丽与陈经理进行商务交流时,主要有两个任务:

(1) 了解海航进出口贸易具体需求。为了更好地满足海航进出口贸易公司的需求,需要了解其具体要求。在双方沟通过程中,海航进出口贸易公司提出以下几点希望:

1) 增加与客户的沟通,与固定1个业务员联系。不希望出货时要联系操作员,制作单据时又要联系单证员,在催核销单时又转到财务。

2) 提高业务员的细心程度。

3) 提供运输包装等增值服务。

4) 安全运输,保持运输途中的安全与整洁,尽量避免货损、少件等情况。

(2) 介绍公司最新动态。张丽通过公司宣传册和宣传文件夹,就本公司的最新动态及优势进行简单的介绍。在介绍过程中突出自身优势,如在全球各处都有网点,同时在与多个船公司进行合作,并且可以在线订舱。展示的合作船公司如图3-37所示。

图3-37 合作船公司

在近洋线上,公司的优势航线有日韩线、东南亚线;在远洋线上,与韩进海运的代理合作具有独特优势,可承揽韩进海运所有航线的订舱业务,为客户提供订舱、确认、预配、上船、跟踪、提单签发等服务。最近，公司的仓库也提供贴标签、再包装等增值服务。

2．资料整理

拜访完客户后，张丽填好客户拜访记录，见表3-11。对当时不能立即回复的问题，及时询问相关人员，给客户答复。

表3-11 客户拜访记录表

客户名称	海航进出口贸易有限公司				
详细办公地址	浦东新区××路58号				
受访人姓名	陈晓	职务	主管	联系方式	
沟通内容	客户需求： （1）增加与客户的沟通，与固定1个业务员联系。不希望出货时要联系操作员，制作单据时又要联系单证员，在催核销单时又转到财务 （2）提高业务员的细心程度 （3）提供运输包装等增值服务 （4）保持运输途中的安全与整洁，尽量避免货损、少件等情况				
达成拜访目的	是				
需要解决的问题					
客户满意度	满意				
拜访人	张丽	随行人员		日期：2014年4月10日	

任务二　客户差异化服务策略制定

任务描述

上海长风国际物流有限公司自成立以来，从最初的客户数量不到10家增加到现在的几百家，客户数量众多。但是目前公司并没有一个完整的客户资料库，很多客户的资料都在业务员或市场人员手中，并没有得到很好的共享。一旦有相关人员离职，就会损失一部分客户资源。而且目前，对于客户的定位不明确，导致公司有效的资源不能进行合理配置，每年会流失一些大客户，企业的利润受到很大影响。上海长风国际近五年的客户数量统计见表3-12。

表3-12 上海长风国际近五年客户数量统计表

项目 \ 年份	2009年	2010年	2011年	2012年	2013年
原有客户/家	320	210	220	240	260
新增客户/家		90	95	105	50
客户增加率（%）		42.86	43.18	43.75	19.23
流失客户/家	110	80	75	85	110

为了更有效地管理客户，为客户提供更优质的服务，客服项目组长张丽需要对客户进行分类，针对不同类别的客户制定客户关系管理策略，并将总结上交给客服经理。具体要求如下：

（1）完成客户资料收集与整理。
（2）做好客户分析及定位。
（3）完成客户差异化服务策略的制定。

任务目标

1. 掌握客户资料收集的基本内容。
2. 掌握客户分析定位的基本角度。
3. 能根据不同的客户分级方式进行客户分析。
4. 能正确完成客户差异化服务策略的制定。
5. 培养认真、细致的工作态度。

作业流程

要做好客户关系管理，需要对客户进行准确的定位与分类管理，同时针对不同类型的客户制定相应的差异化服务策略。

客户差异化服务策略制定流程如图3-38所示。

客户资料收集与整理 → 客户分析与定位 → 客户差异化服务策略制定

图3-38　客户差异化服务策略制定流程

任务实施

随着竞争的日益加剧，能否掌握住客户资源至关重要，目前越来越多的货代企业认识到客户关系管理的重要性，并实施客户关系管理。上海长风国际物流有限公司也在积极地进行客户关系维护，并依据不同的客户类型制定差异化服务策略。

一、客户资料收集与整理

如果企业要实施CRM（客户关系管理），首先需要收集各种客户相关信息，以便更好地理解客户需求，这样才能做出相应的决策。数据的收集涉及销售部、客服部和商务部（市场部），需要将这些数据整理、共享，才能处理客户的各种关系，提高关系的质量。客户资料的收集要遵循的原则如图3-39所示。

客户数据一般分为三类：描述性数据、促销性数据和交易性数据。

图3-39　信息收集的原则

1. 描述性数据

描述性数据主要是指客户资料的基本内容，表3-13为描述性客户数据分类明细表。

表3-13 描述性客户数据分类明细表

类别	内容
企业基本信息	名称、地址、电话、创建时间、组织结构、行业、资产等
客户特征	规模、服务区域、经营观念、经营方向、经营特点、声誉等
业务状况	产品信息、市场定位、销售能力、销售业绩、发展潜力、优势劣势等
负责人信息	相关决策者和负责人的姓名、年龄、性别、学历、个性、兴趣爱好、家庭、能力、处事风格等

2. 促销性数据

促销性数据主要说明上海长风公司对客户做过些什么，包括运价宣传单、业务员承诺、客服代表检验、客户调查以及其他任何以长风公司的名义向客户传递的信息。

3. 交易性数据

交易性数据说明客户对上海长风公司做过什么，包括历史购买记录、信用记录、投诉、服务请求、填写客户调查、对企业提出的建议和要求等。

需要对不同来源的客户数据进行匹配、合并和整合，保证数据的规范化和唯一性，这样才可以保证后续对数据的分析的准确性和一致性。

二、客户分析与定位

对于这些客户信息，客服需要进行筛选、分析，提炼出有价值的信息，对客户进行归类，哪些是大客户，哪些是中小客户，最主要的是发掘出客户的潜在价值，提高忠诚客户度。客户细分步骤如图3-40所示。

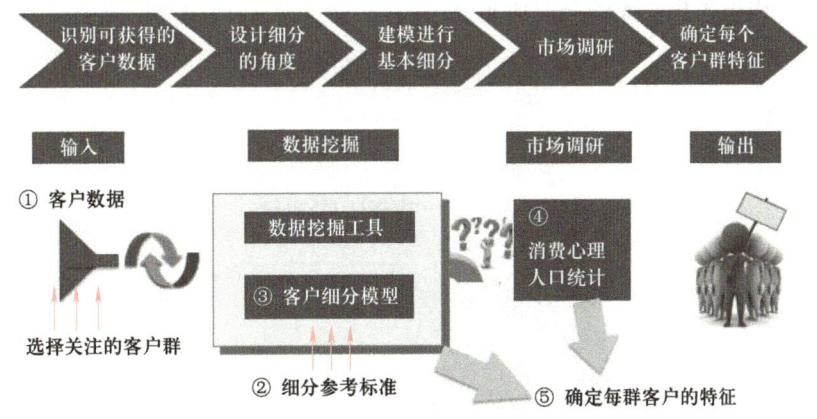

图3-40 客户细分步骤

根据客户信息的收集，张丽将上海长风国际货代的客户按货源对应的业务需求分为国内段代理（LOCAL）和国际段代理（GLOBAL）两类，从客户类别上分为直接货主或同行货代。统计结果见表3-14。

表3-14 客户类别统计表

业务种类	LOCAL		GLOBAL	
占总业务比例	85%		15%	
客户类别	直接货主	同行货代	直接货主	同行货代
占各自业务比例	36%	64%	75%	25%

以前,公司将所有客户按业务量和利润率分为了A、B、C、D四类,这样的分类方法具有实用性强、操作简便的优点,但也有以下缺点:

(1) 不够全面,当企业发展到一定规模时,便不能识别关键客户的关键价值。
(2) 只能反映客户当前对公司的重要性,并不能挖掘客户的未来价值。
(3) 评价指标设立得不够细致、科学。

由于目前的分类方法缺乏科学性,张丽重新对现有客户进行分类,此次根据客户行业、航线来进行划分,因为不同行业和航线的客户在操作上有不同需求。目前,主要从三个角度对客户进行分类,最终综合三个角度,对客户进行复合分级,更全面地理解单个客户,见表3-15。

表3-15 客户分级角度表

角度	选取原因
销售额	从交易事实出发,说明客户的历史价值
忠诚度	从交易态度出发,表明客户的未来价值
信誉度	从交易的风险出发,表明价值的含金量

1. 按销售额分级

由于货代行业的特殊性,不同航线的运价体系不同,运价差异较大。因此,根据航线的不同,按销售额来进行排序,根据金字塔模型将客户分为重要客户、主要客户、中等客户、普通客户和小客户,如图3-41所示。

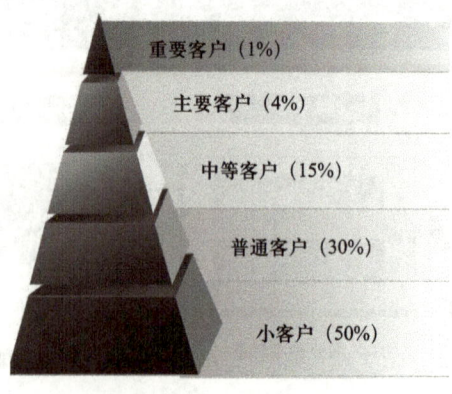

图3-41 销售额分级

2. 按忠诚度分级

只按销售额对客户分级是不够的,忠诚的大客户对企业才是真正的资产。忠诚度的测评主要根据客户的满意度调查进行打分统计,见表3-16和图3-42。

表3-16　客户忠诚度评测模型

权重	指标		分值				
			5	4	3	2	1
0.3	客户满意度		满意度评测得出的数值				
0.2	客户份额		大于50%	25%～50%	10%～25%	5%～10%	0～5%
0.1	客户接触时间		3年	2～3年	1～2年	6个月～1年	3～6个月
0.2	交易偏好	价格敏感度	完全不敏感	不敏感	敏感	不愿意	很不愿意
		重购意愿	很愿意	愿意	一般	不愿意	很不愿意
		口碑推荐	>5次	3～5次	2次	1次	未推荐
0.1	客户抱怨				常常抱怨	偶尔抱怨	从不抱怨
0.1	对事故的承受能力		完全可以承受	可以承受	一般	无法承受	完全无法承受

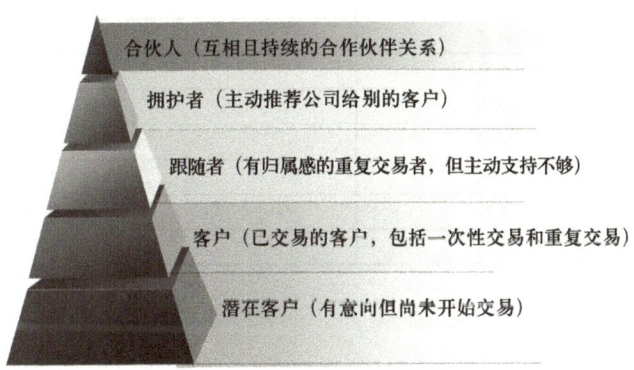

图3-42　忠诚度分级

根据客户的忠诚度分值可将客户分成五个等级。五个等级的客户分别对应客户关系周期，潜在客户处于考察期，客户和跟随者则对应成长期，拥护者和合伙人对应稳定期。

3．信誉度分级

通过信誉度分级，上海长风国际物流可以认识到不同客户的风险级别，有效地规避客户风险，保证客户价值的实现，对应三个指标来对客户信誉度进行评级：延期付款比例、最长付款周期、六个月内资金回收状况，见表3-17。

表3-17　客户信誉度评测模型

权重	指标	分值				
		5	4	3	2	1
0.5	延期付款比例	0～10%	10%～25%	25%～40%	40%～70%	70%～100%
0.3	最长付款周期	10	30	60	90	180
0.2	六个月内资金回收状况	90%～100%	90%～75%	75%～60%	60%～30%	30%～0

根据客户信誉度模型，将客户的信誉度分为五个级别，如图3-43所示。

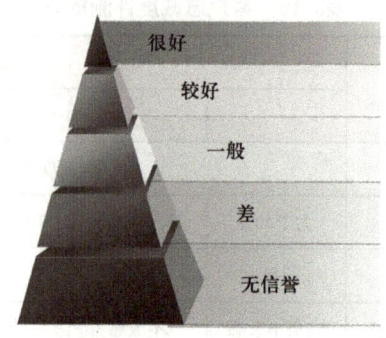

图3-43 信誉度分级

张丽综合上面三种角度分类，进行复合分级，得到八类客户。这八类客户对客户价值分析更为具体，见表3-18。

表3-18 复合分级表

客户类别	客户分级
大销售额—高忠诚度—高信誉度	优质大客户
大销售额—高忠诚度—低信誉度	风险大客户
大销售额—低忠诚度—高信誉度	潜质大客户
大销售额—低忠诚度—低信誉度	劣质大客户
小销售额—高忠诚度—高信誉度	优质小客户
小销售额—高忠诚度—低信誉度	风险小客户
小销售额—低忠诚度—高信誉度	潜质小客户
小销售额—低忠诚度—低信誉度	劣质小客户

三、客户差异化服务策略制定

根据帕累托（Pareto）的"80/20定律"，企业80%的利润由顶层20%的客户创造。企业资源的有效性也决定了企业无法兼顾所有客户，只能将有限的资源分配给最有价值的客户群体，如图3-44所示。

张丽根据复合分级得到的八类客户，按照其当前价值和潜在价值，分为高价值客户、次价值客户、潜价值客户和低价值客户。针对这四类客户的价值，制定不同的客户管理策略，见表3-19。

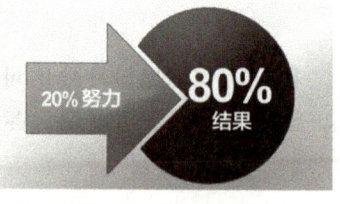

图3-44 80/20定律

表3-19 客户分类及对应客户服务策略

客户价值分类	对应客户类别	对应客户服务策略
高价值客户	优质大客户、风险大客户	关键客户策略
次价值客户	潜质大客户、劣质大客户	主要客户策略
潜价值客户	优质小客户、风险小客户、潜质小客户	普通客户策略
低价值客户	劣质小客户	小客户策略

1．关键客户策略

针对高价值客户，需要项目组长经常进行有效的沟通交流，形成战略伙伴关系。客服代表在工作中应注意以下事项：

（1）将这类客户的需求信息在公司中共享。

(2)及时更新船舶信息。
(3)协助理顺操作流程，及时跟踪货物，并将相关信息反馈给客户。
(4)若有突发事件，应及时告知客户。
(5)积极回访，保持良好关系。
(6)尽量配合公司其他部门人员，满足客户的需求，提供个性化服务。

2．**主要客户策略**

次价值客户应尽量变成高价值客户，此类客户的货源很多，所以更关注的是货运的价格及服务质量。针对这类客户，客服代表在工作中应注意以下事项：
(1)实时关注货运市场价格的变动情况，及时反馈给客户。
(2)对客户进行跟踪式服务。
(3)与客户保持良好沟通，注意运费的回收。
(4)保证订舱、报关的及时性。
(5)对客户托运的货物进行及时跟踪和反馈。

3．**普通客户策略**

潜价值客户的货量比主要客户要少一些，但是他们的潜在价值高，对于这类客户，应尽量保证货运服务质量，宣传企业的品牌，提高客户的忠诚度。针对这类客户，客服代表在工作中应注意以下事项：
(1)保证货运服务质量。
(2)为客户提供增值服务。
(3)加强同客户的沟通联系，互相信任。
(4)处理好客户的投诉、不满，及时回访。
(5)宣传企业的品牌，推广企业的航线。

4．**小客户策略**

针对低价值客户，不需要花费太多时间和精力，要注意回款问题。

任务三　客户满意度调查

任务描述

上海长风国际物流有限公司自成立以来，从最初客户数量不到10家增加到现在的几百家。随着企业规模的扩大，长风国际物流公司的物流服务业务也逐渐增多，公司对客户的满意度情况却不太清楚。

为了摸清客户具体的物流服务需求以及客户对公司提供的售后服务、增值服务、产品运营服务以及业务受理服务的感受，长风国际物流客户服务部准备做一次针对全体客户的满意度调查，用于企业服务内容的调整和整改。具体要求如下：
(1)明确满意度调查内容。
(2)选择调查对象并进行数据收集。
(3)针对调查结果进行数据分析并制订调整计划。

任务目标

1. 掌握客户满意度的基本概念。
2. 掌握客户满意度指标量化的方法。
3. 掌握满意度调查的基本方法。
4. 能正确完成客户满意度调查数据收集。
5. 能够进行满意度调查数据分析。
6. 养成良好的客户服务意识。

作业流程

客户满意度直接影响着客户的忠诚度，客户满意度调查工作主要包括以下步骤：确定调查内容，量化客户满意度指标，明确调查方法，选择调查对象，进行客户满意度数据收集，针对所收集到的客户满意度数据资料进行数据分析，企业根据分析调查结果进行相应的改进和调整，简化流程如图3-45所示。

图3-45 客户满意度调查流程

任务实施

一、确定调查内容

开展客户满意度调查研究，首先需要明确调查的作用和目的，从而确定调查内容。

1. 客户满意度

客户满意度也叫客户满意指数，是一个相对的概念，是客户期望值与客户体验的匹配程度。

> **小知识**
>
> **RATER指数**
>
> 客户对企业的满意程度直接取决于RATER指数的高低：
>
> 信赖度（Reliability）是指一个企业是否能够始终如一地履行自己对客户所做出的承诺，当这个企业真正做到这一点时，就会拥有良好的口碑，赢得客户的信赖。
>
> 专业度（Assurance）是指企业的服务人员所具备的专业知识、技能和职业素质，包括提供优质服务的能力、对客户的礼貌和尊敬、与客户有效沟通的技巧。
>
> 有形度（Tangibles）是指有形的服务设施、环境、服务人员的仪表以及服务人员对客户的帮助和关怀的有形表现。服务本身是一种无形的产品，但是整洁的服务环境、餐厅里为幼儿提供的专用座椅、带领小朋友载歌载舞的服务员等，都能使服务这一无形产品变得有形起来。
>
> 同理度（Empathy）是指服务人员能够随时设身处地地为客户着想，真正地同情理解客户的处境、了解客户的需求。
>
> 反应度（Responsiveness）是指服务人员对于客户的需求给予及时回应并能迅速提供服务的愿望。当服务出现问题时，马上回应、迅速解决能够给服务质量带来积极的影响。作为客户，需要的是积极主动的服务态度。

作为企业，在为客户提供服务的时候，也要不断地了解客户对于服务的期望是什么，而后根据自己对于客户期望值的理解去为客户提供服务。然而，在现实中企业对于客户期望值的理解和客户自己对于服务的期望值存在着某种差距，可能的情况有以下五种：

（1）客户对于服务的期望值与企业管理层对于客户期望值的认知之间的差距。
（2）企业对客户所做出的服务承诺与企业实际为客户所提供的服务质量的差距。
（3）企业对客户服务质量标准的要求和服务人员实际所提供的服务质量之间的差距。
（4）企业管理层对客户期望值的认知与企业的客户服务质量标准之间的差距。
（5）客户对于企业所提供的服务感受与客户自己对于服务的期望值之间的差距，而这种差距的大小是可以衡量的，这就是客户的满意度。

可以看出，客户服务的满意度与客户对服务的期望值是紧密相连的。企业需要站在客户的角度不断地通过服务质量来衡量自己所提供的服务，只有企业所提供的服务超出客户的期望值，企业才能获得持久的竞争优势。

2．客户满意度调查

客户满意度调查是指测量一家企业或一个行业在满足或超过客户购买产品的期望方面所达到的程度。就调查的内容来说，客户满意度调查又可分为客户感受调查和市场地位调查两部分。

（1）客户感受调查。客户感受调查只针对企业自己的客户，操作简便。它主要测量客户对产品或服务的满意程度，比较企业表现与客户预期之间的差距，为基本措施的改善提供依据。

（2）市场地位调查。市场地位调查涉及所有产品或服务的消费者，对企业形象的考察更有客观性，不仅问及客户对企业的看法，还问及他们对同行业竞争对手的看法。

与客户感受调查相比，市场地位调查不仅能确定整体经营状况的排名，还能考察客户满意的每一个因素，确定企业和竞争对手间的优劣，以采取措施提高市场份额。

在进行满意度指标确定和分析应用的过程中，应始终紧扣和体现满意度调查的目标和内容要求。

总体来讲，客户满意度调查的核心是确定产品和服务在多大程度上满足了客户的欲望和需求，即确定导致客户满意的关键绩效因素；评估企业的满意度指标及主要竞争者的满意度指标；判断轻重缓急，采取正确行动；有效控制服务全过程。

3．客户满意度调查的作用

（1）体现"以客户为中心"的理念。企业依存于顾客，因此应理解客户当前和未来的需求，满足客户要求并争取超越客户期望。现在国际上普遍实施的质量管理体系能够帮助企业增进客户满意。在任何情况下，产品的可接受性由客户最终确定，但是，客户的需求和期望是不断变化的，客户当时满意不等于以后都满意，如客户提出要求才去满足，企业就已经处于被动了，且必然会有忽视的方面。要获得主动，企业必须通过定期和不定期的客户满意度调查来了解不断变化的客户需求和期望，并持续不断地改进产品和提供产品的过程，真正做到以客户为中心。

（2）确定企业客户满意策略。企业进行客户满意度调查，不只是为了得到一个综合统计指数，而是要通过调查活动，发现影响客户满意度的关键因素，以便在提高客户满意度的过程中能对症下药，制定有效的客户满意策略。客户满意度的测量始终要考虑竞争对手的情况，并进行比较，确定企业与其主要竞争对手在满足这些期望和要求方面成功的程度，即各有什么优势和劣势。这样可以使企业做到知己知彼，制定合适的竞争策略。

(3) 节约企业成本，提高经济效益。客户满意度调查贯穿企业生产经营全过程，从设计产品之初就考虑到客户的需求和期望，使其提供的产品或服务得到客户的认可，并获得客户满意。之后，在企业定期的客户满意度调查中，企业会越来越了解客户，会准确地预测到客户的需求和愿望的变化。这样，企业就不用花更多的时间和精力去做市场研究，新产品的研制和生产也会少走不少弯路，在很大程度上减少了企业的浪费，压缩了成本，利用有限的资源最大限度地提高企业的经济收益。

4. 明确调查目的

识别客户和客户的需求结构，明确开展客户满意度调查的内容。不同的企业、不同的产品拥有不同的客户。不同的客户，其需求结构的侧重点是不相同的，例如，有的侧重于价格，有的侧重于服务，有的侧重于性能和功能等。此次长风物流的调查目的就是要提高客户的满意度，促进公司业务的开展。

5. 确定调查内容

经过选择和分析，最终确定调查的主要内容为：客户的物流服务需求，客户对长风物流企业售后服务、增值服务、产品运营服务以及业务受理服务的感受。

二、量化满意度指标

客户满意度调查的本质是一个定量分析的过程，即用数字去反映客户对测量对象的属性的态度，因此需要对调查项目指标进行量化。客户满意度调查了解的是客户对产品、服务或企业的态度，即满足状态等级。

通过分析和比较，采用五级态度等级：非常好、好、普通、差和非常差，相应赋值为5、4、3、2、1。

非常好：表明产品或服务完全满足甚至超出客户期望，客户非常激动和满足。
好：表明产品或服务各方面均基本满足客户期望，客户称心愉快。
普通：表明产品或服务符合客户最低的期望，客户无明显的不良情绪。
差：表明产品或服务的一些方面存在缺陷，未满足客户的主要期望，客户气愤、烦恼。
非常差：表明产品或服务有重大缺陷，客户愤慨、恼怒。

三、明确调查方法

1. 调查方法的选择

客户满意度调查目前通常采用的方法主要包括以下三种：

（1）问卷调查。这是一种最常用的客户满意度数据收集方式。问卷中包含很多问题，需要被调查者根据预设的表格选择该问题的相应答案，客户从自身利益出发来评估企业的服务质量、客户服务工作和客户满意水平。

（2）二手资料收集。二手资料大都通过公开发行刊物、网络、调查企业获得，在资料的详细程度和资料的有用程度方面可能存在缺陷，但它毕竟可以作为深度调查前的一种重要参考。

（3）访谈研究。访谈又分为内部访谈、深度访谈和角点访谈。

1) 内部访谈是对二手资料的确认和对二手资料的重要补充。通过内部访谈，可以了解企业经营者对所要进行的项目的大致想法，同时内部访谈也是发现企业问题的最佳途径。

2）深度访谈是为了弥补问卷调查存在的不足，对典型用户实施的无结构的、直接的、一对一的访问形式。深度访谈通过在交谈过程中提出一系列探究性问题，用以探知被访问者对某事的看法或做出某种行为的原因。

3）焦点访谈是为了更周全地设计问卷或者为了配合深度访谈。它通过一名经过企业训练的访谈员以一种无结构的自然形式与被调查者交谈，通过倾听一组从目标市场中选来的被调查者（客户）对某一主题或观念进行的深入讨论，从中获取有关问题的深度信息。被调查者一般是8～12人。

由于此次满意度调查要了解客户对长风物流公司整体服务内容的满意情况，为了确保调查结果的准确性和科学性，选择问卷调查的方式进行此次客户满意度调查。

2．问卷内容设计

通过向客户下发调查问卷来收集客户满意度的相关数据。根据所掌握的知识和物流企业的服务项目，设计物流客户满意度调查问卷，见表3-20。

表3-20　物流客户满意度调查问卷

尊敬的客户：

感谢您一直以来对长风国际物流有限公司的大力支持！为了使各项服务臻于完善，公司能及时了解您的需求与反馈，提升公司的服务质量和服务品质，兹提供以下表格请您认真如实填写，感谢您的合作！

公司全称			
联系电话		姓名/职称	
通信地址		E-mail	

诚望您积极参与我司此次客户满意度调查活动，为我司提高服务质量方面提出您宝贵的意见和建议，我们将以更真诚的服务来回报社会。

1．客服人员服务态度（　　）
　【A】很满意　　　【B】满意　　　【C】一般　　　【D】不满意　　　【E】很不满意
2．现场作业人员服务态度（　　）
　【A】很满意　　　【B】满意　　　【C】一般　　　【D】不满意　　　【E】很不满意
3．业务受理满意度（　　）
　【A】很满意　　　【B】满意　　　【C】一般　　　【D】不满意　　　【E】很不满意
4．单证办理满意度（　　）
　【A】很满意　　　【B】满意　　　【C】一般　　　【D】不满意　　　【E】很不满意
5．装卸效率满意度（　　）
　【A】很满意　　　【B】满意　　　【C】一般　　　【D】不满意　　　【E】很不满意
6．装卸质量满意度（　　）
　【A】很满意　　　【B】满意　　　【C】一般　　　【D】不满意　　　【E】很不满意
7．物流设施满意度（　　）
　【A】很满意　　　【B】满意　　　【C】一般　　　【D】不满意　　　【E】很不满意
8．反映问题解决结果（　　）
　【A】很满意　　　【B】满意　　　【C】一般　　　【D】不满意　　　【E】很不满意
9．您对我公司的总体评价（　　）
　【A】很满意　　　【B】满意　　　【C】一般　　　【D】不满意　　　【E】很不满意
10．您还需要我们提供哪些服务及您对本公司的建议：

注：请您收到调查表后一周内填妥并回传至我公司，我们会将相应意见反馈给贵公司。也希望通过您的帮助，使公司为您提供更加优质高效的服务。

四、选择调查对象

对于大多数企业来说,要进行全部客户的总体调查是非常困难的,也是不必要的,应该进行科学的随机抽样调查。

为了使问卷调查有较高的效度和信度,调查对象要有较强的代表性,选择对象必须遵循随机抽样原则。同时,调研人员和调查对象之间必须建立相互信任的关系,调查对象才能密切配合、诚实作答。

具体的抽样方法一般有以下几种:

(1)随机抽样。抓阄的方法就是随机抽样,它不确定抽样规则,随机发放问卷。随机抽样要尊重受访者答卷与否的意愿。

(2)等距抽样,即从调查对象的总体名单中,有规律地每隔若干个抽样单位,抽取一个作为样本。如按客户编码抽样,遇有缺号,可允许向前或向后顺延。

(3)分层抽样,即把调查总体按一标准进行分类式分层,然后按照类层抽取一定数目的对象。如按照大客户、一般客户、小客户分类,每一类选择相同数量的客户进行调查。

(4)典型抽样,即按满意度调查目的与要求抽取典型样本。例如,为了调查客户对定制化服务策略的满意程度,选择已提供定制化服务策略的客户进行调研。

公司根据需要最终选择150家物流客户企业参加客户满意度调查。发放调查问卷可以采用信件、E-mail、上门调查等方式进行。

五、满意度数据收集

客户问卷填写完毕后,回收调查问卷。在回收的过程中,针对客户的疑问进行解答,并对其参与问卷填写表示感谢。在问卷回收的过程中,可以向客户发放小礼品来表示感谢。此次调查共收回有效问卷136份,满意度数据收集及统计结果分别见图3-46和表3-21。

图3-46 满意度数据收集

表3-21 客户满意度调查数据统计表

序号	类别	很满意	满意	一般	不满意	很不满意
1	客服人员服务态度	58	72	4	2	
2	现场作业人员服务态度	42	68	23	1	2
3	业务受理满意度	53	49	28	4	2
4	单证办理满意度	46	69	21		

(续)

序号	类别	很满意	满意	一般	不满意	很不满意
5	装卸效率满意度	33	81	18	4	
6	装卸质量满意度	30	77	28	1	
7	物流设施满意度	65	55	16		
8	反映问题解决结果	29	75	22	7	3
9	您对我公司的总体评价	36	88	11	1	

六、满意度数据分析

接下来，对所收集的客户满意度数据进行分析整理，撰写客户满意度调查反馈报告，对调查结果进行总结。对客户在调查中指出的问题进行深入分析，并制定具体改进方案。同时，对表示"差""非常差"以及对本企业存在误解的客户逐个沟通，必要时请相关部门人员协同拜访。

七、企业改进和调整

在对收集的客户满意度信息进行分析后，长风国际物流立刻检查自身的工作流程，在"以客户为关注焦点"的原则下开展自查和自纠，找出不符合客户满意管理的流程，制订企业的改进方案，并组织企业员工执行，以使客户满意。

项目评价

项目评价表

班级		姓名		小组		
项目名称		国际货代客户关系维护				
考核内容	评价标准	参考分值(100)	考核得分			备注
			自评分	互评分	教师评分	
知识技能掌握情况	能够确定拜访客户名单	9				
	能够做好客户拜访前的相关准备工作	8				
	能够顺利完成客户拜访	10				
	能够说出客户拜访的基本流程	9				
	能够说出客户满意度调查的流程	8				
	能够完成客户资料的收集与整理	8				
	能够完成客户分析与定位	10				
	能够制定客户差异化服务策略	10				
	能够描述差异化服务策略制定的流程	8				
参与活动情况	认真扮演自己的角色，配合其他角色完成任务	15				
	积极参加任务操作					
	积极参与小组讨论					
	积极回答老师提问					
情感、态度、价值观	团队合作意识、竞争意识以及沟通交流能力	5				
小计						
合计=自评分×20%+互评分×40%+教师评分×40%						

学习单元三

 项目小结

通过学习国际货代客户关系维护业务，应该掌握以下内容：

1．拜访客户的基本流程：确定拜访客户→做好准备工作→预约拜访时间→拜访客户。

2．无论是为了业务销售，还是为了提高客户忠诚度，电话预约都需要经历以下3个步骤：

（1）开场白。开场白是一个起关键作用的步骤。客户往往在接到电话后的3秒之内，就决定拒绝还是继续交流。因此，客服代表需要注意做到，首先核实客户信息，之后进行自我介绍，给客户留下"专业、礼貌、自信"的印象。

（2）了解情况。了解情况是为邀约打下基础。因为，如果开场白结束之后就立马提出"面谈"的要求，往往会遭到客户的拒绝。

（3）邀约。在了解客户的大致情况之后，就可以提出拜访客户的要求。

3．拜访客户时，应当注意以下商务礼仪：

（1）在货代行业，最佳的着装是商务休闲装，即介于商务装与休闲装之间的搭配。夏天可选用Polo衫加商务休闲西裤。冬季可考虑衬衫加商务休闲西装（男士），衬衫加商务休闲西服、套裙（女士）的搭配。

（2）注意仪表礼仪，做到不蓄胡须，鼻毛不外现，整体干净整洁，口无异味。着重注意头发与手部的清洁卫生。

（3）使用礼貌用语，注意客户称呼。

（4）主动递名片，保持名片或名片夹的清洁、平整。

（5）主动与客户握手，时间一般在2～3秒或4～5秒为宜。握手不宜用力过猛或毫无力度。要注视对方并面带微笑。

4．客户数据一般分为三类：描述性数据、促销性数据和交易性数据。

（1）描述性数据。描述性数据主要是指客户的基本内容。

（2）促销性数据。促销性数据主要说明公司对客户做过些什么，包括运价宣传单、业务员承诺、客服代表检验、客户调查以及其他任何以长风名义向客户传递的信息。

（3）交易性数据。交易性数据说明客户对公司做过什么，包括历史购买记录、信用记录、投诉、服务请求、填写客户调查、对企业提出的建议和要求等。

5．客户分类可以从销售额、忠诚度和信誉等不同角度进行分级。

6．客户满意度也叫客户满意指数，是一个相对的概念，是客户期望值与客户体验的匹配程度。

7．测量客户满意度的过程就是客户满意度调查。就调查的内容来说，客户满意度调查又可分为客户感受调查和市场地位调查两部分。

8．客户满意度调查目前通常采用的方法主要包括问卷调查、二手资料收集和访谈研究。

9．抽样的方法一般有随机抽样、等距抽样、分层抽样、典型抽样。

10．客户满意度调查工作的进行，主要包括以下步骤：确定调查内容，量化客户满意度指标，明确调查方法，选择调查对象，进行客户满意度数据收集，针对所收集到的客户满意度数据资料进行数据分析，企业根据分析调查结果进行相应的改进和调整。

项目自测练习

一、判断题

1. 狭义的客户即国际货运代理企业的委托人，国际贸易公司或国际贸易工厂或它们的代理人，货物的收货人、发货人、通知人、承运人。（　　）
2. 广义的客户是指国际货运代理业务的所有关系人。这些关系包含承运人、仓库、堆场、货运站、码头、港口代理、机场、车站、保险公司、报关行、快递公司、拖车行、控箱公司、熏蒸公司、银行等相关企业，海关、出入境检验检疫局、税务局、外汇管理局、港务局等政府部门。（　　）
3. 拜访客户时需要等客户主动伸手才能与客户握手。（　　）
4. 客户信息收集的原则包括实用性、全面性、准确性、时效性和针对性。（　　）
5. 客户数据一般分为描述性数据、促销性数据和交易性数据。（　　）
6. 客户差异化服务策略只需制定大中小三类客户的服务策略。（　　）

二、简答题

1. 电话预约的基本步骤是什么？
2. 拜访客户时需要注意哪些商务礼仪？
3. 如何制定客户差异化服务策略？

三、业务训练

北京长风物流股份有限公司客服部准备在本月底对公司近三个月的海运和空运客户做一次客户拜访，以便对本公司的服务有一个全面的了解，随时做出改进和调整。请制订拜访计划，做好相关的准备工作，完成客户拜访并填写客户拜访表。

附 录

报关单填写要点

（1）进口口岸：本栏填写载运货物的运输工具进出境地的隶属海关名称及四位代码，其填写格式为：隶属海关中文名称（四位代码），即隶属海关中文名称+"（"+四位代码+"）"。

（2）备案号：指进出口货物收发货人办理报关手续时，应向海关递交的备案审批文件的编号。涉及内容有：加工贸易手册编号、加工贸易电子账册编号、实行优惠贸易协定项下原产地证书联网管理的原产地证书编号、适用ITA税率的商品用途认定证书的编号等。

（3）出口日期：指运载出口货物的运输工具办结出境手续的日期。

（4）申报日期：指海关计算机系统接受申报数据时记录的日期。

（5）经营单位：本栏应填报经营单位名称及经营单位编码，其填写格式为：经营单位中文名称（经营单位编码），即经营单位中文名称+"（"+经营单位编码+"）"。

（6）运输方式：此栏的填写要根据实际运输方式，按海关规定的"运输方式代码表"选择、填报相应的运输方式的名称或代码。

（7）运输工具：水路运输填报船舶编号+"/"+航次号，其填写格式为：船舶编号/航次号。

（8）提运单号：该编号必须与运输部门向海关提供的载货清单所列内容一致（包括数码、英文大小写、符号和空格），此栏目主要是填运输单据的编号。

（9）发货单位：本栏必须填报其中文名称及编码；没有编码的，填报其中文名称。其填写格式为：发货单位中文名称（编码），即发货单位中文名称+"（"+编码+"）"。

（10）贸易方式（监管方式）：本栏应根据实际对外贸易情况，按海关规定的《监管方式代码表》选择填报相应的监管方式简称及代码，其填写格式为：监管方式简称（代码），即监管方式简称+"（"+代码+"）"。

（11）征免性质：本栏应根据实际情况，按海关规定的《征免性质代码表》选择填报相应的征免性质简称及代码，其填写格式为：征免性质简称（代码），即征免性质简称+"（"+代码+"）"。

（12）结汇方式：此栏应根据海关规定的《结汇方式代码表》选择填报相应的结汇方式名称或代码。

（13）运抵国（地区）：本栏应按海关规定的《国别（地区）代码表》选择填报相应的运抵国（地区）中文名称。

（14）指运港：本栏应根据实际情况按海关规定的《港口航线代码表》选择填报相应的港口中文名称及代码。指运港在《港口航线代码表》中无港口中文名称及代码的，可选择填报相应国家的中文名称。

（15）许可证号：本栏所涉及的内容，包括进（出）口许可证、两用物项和技术进（出）口许可证、纺织品临时出口许可证三类证件的编号。

(16) 境内货源地：本栏应按照《国内地区代码表》选择填报国内地区名称或代码。

(17) 批准文号：本栏应填报实行出口收汇核销管理的出口收汇核销单上的编号。

(18) 成交方式：填报相应的成交方式名称或代码。

(19) 运费：本栏应根据具体情况选择运输单价、运费总价或运费率三种方式之一来填报，同时注明运费标记（运费率标记免填），并按海关规定的《货币代码表》选择填报相应的币种代码。

(20) 保险费：本栏要根据具体情况选择保险费总价或保险费率两种方式之一来填报，同时注明保险费标记（保险费率标记免填），并按照海关规定的《货币代码表》选择填报相应的币种代码。

(21) 杂费：本栏应该根据具体情况选择杂费总价或杂费率两种方式之一来填报，同时注明杂费标记（杂费率标记免填），并按海关规定的《货币代码表》选择填报相应的币种。

无杂费时本栏免填。

(22) 合同协议号：此栏填报进出口货物合同协议的全部字头和号码。

(23) 件数：本栏填报有外包装的进出口货物的实际件数。

(24) 包装种类：本栏应根据进出口货物的实际外包装种类，选择填报相应的包装种类的中文名称。

(25) 毛重：本栏填报进出口货物的实际毛重，以千克计，不足一千克的填"1"。

(26) 净重：以毛重作为净重计价的，可填毛重。国际上通常采用按公量计算，其计算方法是以商品的干净重（即烘去商品水分后的重量）加上国际公定回潮率与干净重的乘积。

(27) 集装箱号：本栏的填报方式为：集装箱号+"/"+规格+"/"+自重。按照行业惯例，填写"TBXU3605231*1（1）"表示1个标准集装箱；在多于一个集装箱的情况下，其余集装箱编号打印在备注栏或随附清单上。

(28) 随附单据：本栏仅填报除进出口许可证以外的监管证件代码及编号。

(29) 生产厂家：本栏填报其境内生产企业。

(30) 标记唛码及备注：本栏填除货物之外的有关补充和特殊事项的说明，包括关联备案号、关联报关单号。

(31) 项号：本栏分两行填报，第一行填报货物在报关单中的商品排列序号。

(32) 商品编号：本栏填写按照《进出口税则》确定的税则编号以及符合海关监管要求的附加编码。

(33) 商品名称、规格型号：本栏填写要求有品牌的写上品牌。

(34) 数量及单位：本栏填报的是进出口商品的成交数量及计量单位以及海关法定计量范围和按照海关计量单位换算的数量，本栏中的计量单位请填写中文。

(35) 最终目的国（地区）：本栏填写已知的出口货物最后交付的国家（地区），也可以是最终实际消费、使用或做进一步加工制造的国家（地区）。

(36) 单价：本栏填写商品的一个计量单位以某一种货币表示的价格。

(37) 总价：本栏填写货物实际成交的商品总价。

(38) 币制：本栏填写货物实际成交价格的计价货币的名称或代码缩写。

(39) 征免：本栏应按照海关核发的《征免税证明》或有关政策规定，对报关单所列每项商品选择填报海关规定的《征减免税方式代码表》中相应的征减免税方式。

参考文献

[1] 张洪峰. 物流客户服务[M]. 北京：机械工业出版社，2013.
[2] 游艳雯. 物流客户服务操作实务[M]. 北京：化学工业出版社，2010.
[3] 续秀梅. 物流客户服务[M]. 北京：中国财富出版社，2010.
[4] 庄敏. 物流客户服务[M]. 北京：科学出版社，2011.
[5] 郑彬. 物流客户服务[M]. 北京：高等教育出版社，2005.
[6] 石小平. 物流客户服务[M]. 北京：人民交通出版社，2005.